EMPIEZA
la
ESO
¡SÁLVESE QUIEN PUEDA!

DESTINO INFANTIL & JUVENIL

Avda Diagonal, 662-664, 08034 Barcelona
www.planetadelibrosinfantilyjuvenil.com
www.planetadelibros.com

Primera edición: mayo de 2017
Décima impresión: julio de 2023
ISBN: 978-84-08-17107-2
Depósito legal: B. 7.752-2017
Impreso en España

El papel utilizado para la impresión de este libro está calificado como papel ecológico y procede de bosques gestionados de manera sostenible.

María Menéndez-Ponte

ilustraciones de Kim Amate

EMPIEZA la ESO

¡SÁLVESE QUIEN PUEDA!

DESTINO

CUANDO TODO ESTÁ EN TU CONTRA
(¡Y veréis que no exagero!)

Al elegir tu nombre, los padres deberían pensar muy bien las consecuencias que puede acarrearte llamarte como...

tu abuela,

tu bisabuela

y tu madre.

Sobre todo cuando su nombre es...

¡¡¡PURIFICACIÓN!!!

¿Qué madre, en su sano juicio, se empeñaría en perpetuar un nombre de familia que suena a desinfectante?

LA MÍA.

Dice que es un nombre con personalidad, tradicional, de toda la vida.

Y no como todos esos nombres modernos de hoy, impuestos por modas extranjeras.

¡El que no se consuela es porque no quiere!

Así que en tu primer día en la ESO en un instituto nuevo puedes elegir entre sonar...

a pesticida como tu bisabuela (Purificación);

a castidad como tu abuela (Pura);

a comida de perro como tu madre (Purina);

o al apuro que te da tener que decir tu nombre (Puri).

¡Realmente todas las opciones son horribles!

Qué diferencia si me llamara...

Amanda,
que significa
«amada por los demás»;

o *Yasmina,*
«bella como el jazmín»;

o *Dafne,*
«mujer coronada
de laureles».

¿Os extraña que sea una experta en nombres, llamándome PURIFICACIÓN?

Para contrarrestar el momento presentación, trato de esforzarme con el modelito que voy a llevar.

Y la víspera del fatídico día...

¡¡¡TACHÁN!!!

¡Convierto mi cuarto en un *showroom*!

Hay ropa hasta colgada de las orejas de mi osito de peluche.

Está monísimo con mi top de sombrero.

En cambio, a mí me sienta fatal.

Me gustaría saber qué tipo de alucinación tuve el día que me lo compré.

¡NO VUELVO A IR DE TIENDAS CON MI MADRE!

Porque ahora...

¡¡¡no tengo nada decente de lo que echar mano!!!

Mi jersey más nuevo tiene más pelotillas que la nariz de mi hermano,

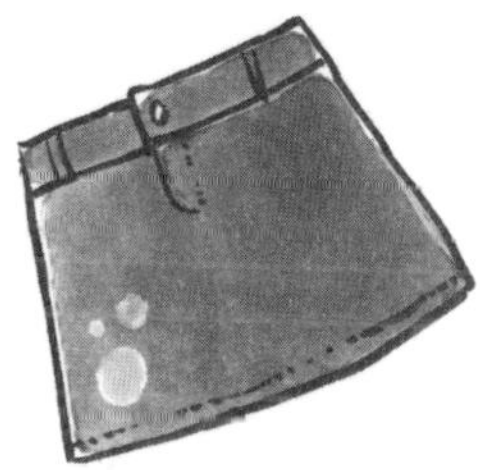

mi falda favorita tiene un desteñido

y los vaqueros más chulos que había en mi armario

¡HAN ENCOGIDO!

¿O será que yo he engordado?

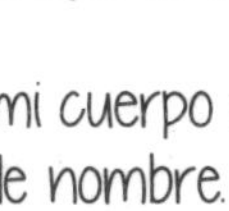

Llamándome Puri, ¿cómo no voy a engordar?

Imagino mi cuerpo siendo Yasmina, pero el espejo no registra el cambio de nombre.

—¡¡¡MAMÁÁÁÁ!!! —grito a punto de echarme a llorar.

ERROR GARRAFAL

¿Qué se puede esperar de una madre que te dice que...

...EL DESTEÑIDO PARECE QUE FORMA PARTE DEL ESTAMPADO DE LA FALDA?

...NO ENTIENDE QUE LLAMARSE PURI PUEDA SUPONER ESTAR EN EL GRUPO DE LAS APESTADAS?

BOCETOS PARA TUNEAR TU ROPA VIEJA Y PASADA DE MODA

Vaquero insulso de mercadillo tuneado con corazones (tipo Ágatha Ruiz de la Prada)

Ideas no me faltan, pero... ¡no sé coser!

Vaquero viejo tuneado con rotos y manchas de tinta artísticas

Creo que me he pasado con los rotos y no sé si las manchas me han quedado muy artísticas.

¡Mejor que no lo vea mi madre!

Jersey viejo con los codos casi transparentes tuneado con coderas de los Gemeliers

Cazadora vaquera anticuada con parches de calaveras

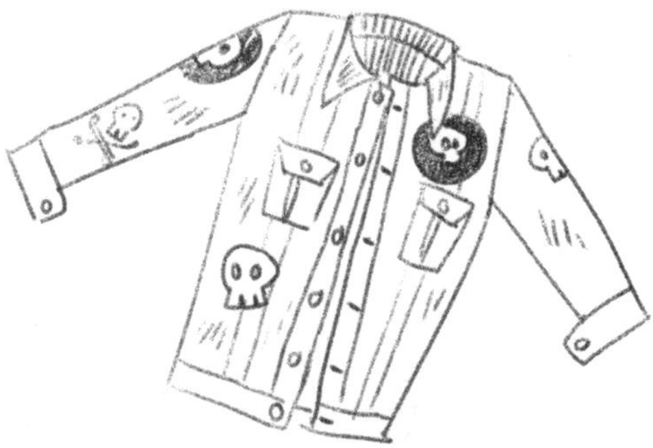

Tengo que ahorrar para encargar los parches.

¡¡¡Más ahorro!!!

Y, por si tuviera pocos problemas, va mi hermano y le cuenta al hermano de una compañera que había estado todo un día probándome ropa para ver qué llevaba al insti.

¡Menuda familia me ha tocado!

No me queda otra que convertirme en mi propia psicóloga.

ESTAS SON MIS

RECETAS ESTRELLA

PARA SOBREVIVIR AL PÁNICO DEL PRIMER DÍA EN UN INSTITUTO NUEVO

Autoconvencerte de que lo importante es la **PERSONALIDAD** y no el nombre.

Si la personalidad te abandona, ensaya poses a lo Britney Spears delante del espejo mientras repites estos mantras:

Si el espejo
no te devuelve la imagen
que tú sientes por dentro...
¡lo llenas de espuma
de afeitar!

También
puedes ponerte un
apodo supermegaguay
como Fiki, o Marty
(me apellido Martínez),
o Puma...

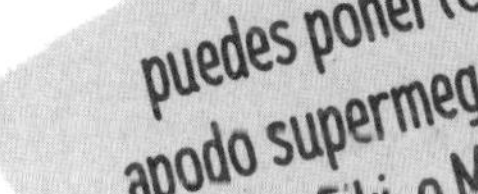

¡Ni se te ocurra
sentir **LÁSTIMA** de
ti misma o lo llevarás
escrito en la
frente!

Soy un auténtico metepatas

¿En qué momento se me ocurrió que un corte de pelo a lo Pájaro Loco me quedaría guay?

Este soy yo...

¡¡¡Un pollo después de haber metido la pata en un enchufe!!!

Como si no tuviera suficiente con los granos...

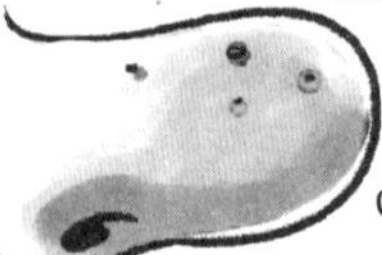

¡Mi nariz ha crecido unos cuatro centímetros!

¡Mis ojos se han juntado otros tantos!

Y mi cabeza es de color...

¡¡¡blanco fosforito!!!

¿Que no existe el blanco fosforito?

Prueba a afeitarte la cabeza a la vuelta del verano, cuando estás moreno.

¡¡¡Me dan ganas de ir al chino de la esquina y comprarme una peluca!!!

¡Menudo estreno en la ESO!

COLECCIÓN DE COLLEJAS Y PALMADAS QUE ME HAN CAÍDO EN EL INSTI

Todas ellas ¡¡¡supermegacariñosas!!!

COLLEJA EN TODA LA NUCA QUE HACE SALIR ONDAS WIFI DE TU CABEZA.

COLLEJA TIPO PINZAS DE BOGAVANTE QUE SE QUEDA ENGANCHADA A TU CUELLO Y TE HACE PERDER LA RESPIRACIÓN DURANTE UNOS SEGUNDOS.

COLLEJA QUE TE APLASTA EL TUPÉ Y TE INCENDIA LAS NEURONAS.

PALMADA EN LA ESPALDA QUE DESPLAZA TU ESTERNÓN VARIOS CENTÍMETROS.

PALMADA LADEADA QUE TE HUNDE UNO DE LOS OMÓPLATOS.

Y estas son las flores que acompañaron a las collejas y palmaditas.

Y estas son mis orejas...

¡Calentitas!

—Noé Samper.

Pego un bote en el asiento.

Siempre me inquieta escuchar mi nombre.

Aunque sea el tutor pasando lista para conocernos.

—Lo siento, pero no he traído el arca —respondo muy serio.

Y me quedo con cara de bobo mientras él me fulmina con la mirada.

¡¡¡AAAAAGGGH!!!

La culpa es de mis padres por ponerme un nombre de dimensiones bíblicas.

¡El de un tipo que salva a la humanidad metiendo todo tipo de especies de animales y a su familia en un arca!

Estoy harto de que la gente me pregunte por ella.

Así que ya llevo el automático de defensa puesto y me adelanto.

Seguro que habrá pensado que soy el chistoso de la clase.

¡¡¡Ya he empezado con mal pie!!!

Este soy yo...

La segunda en la frente me ha caído en el recreo, también por metepatas.

Orgullo, después de restregarnos por los morros sus vacaciones supermegaguays, va y nos pregunta a los demás:

—Y vosotros, ¿qué habéis hecho?

En qué momento se me ocurrió decir que había estado en...

¡una exclusiva urbanización de

Sotogrande!

(La conocía de oídas.)

Cuando en verdad he estado...

¡en el pueblo de mis abuelos!

(Creo que, igual que Sansón perdió la fuerza al cortarle el pelo, yo he perdido unas cuantas neuronas con el rapado.)

—¡Qué raro que no nos hayamos visto! Yo he estado ahí **TODO EL VERANO** —salta Jorge.

¿Por qué cuando más necesitas desaparecer de la faz de la Tierra tu cabeza se ilumina como un farolillo fiestero?

Estaba ya besando el barro cuando de pronto...

la nueva, que se llama **Purificación**, aunque quiere que la llamemos **Marty** (de Martínez; no me extraña, debería haber penalización para los padres que ponen nombres que pueden perjudicar a sus hijos)...

¡¡¡ACUDE A MI RESCATE!!!

—Pues yo sí lo vi —dice con tanto aplomo que hasta yo me lo creo.

¡La hubiera llenado de besos!

Marty es una tía curiosa.

¡Se ha ofrecido a darme una serie de **RECETAS ESTRELLA** para fardar en condiciones!

Me ha asegurado que funcionan a tope.

—Por ser la primera vez, te las doy gratis, pero las siguientes te las cobraré.

RECETAS ESTRELLA DE MARTY

Nunca intentes emular al flipado supermegaguay de la clase porque quedarás como un **PRINGADO**.

Cuenta las vacaciones en el pueblo como si fueran una **PELÍCULA** de Indiana Jones. Se pondrán verdes de envidia.

Si quieres fardar, hazlo **A LO GRANDE**: un safari en África, un campamento de surf en Australia...

Ríete de ti mismo. Piensa que **TODOS** hemos hecho el ridículo alguna vez.

SI TU MADRE VA A CONTRACORRIENTE

Si tienes una madre que piensa que...

¡¡¡NO TE QUEDA OTRA QUE BUSCARTE LA VIDA!!!

En el recreo todos comentan *SUPERVIVIENTES*.

Y para no convertirme en una *outsider* (bastante tengo con ser la nueva) me he inventado que nos han mandado verlo para hacer...

¡un trabajo de Valores Éticos!

Paso de tratar de convencerla de que soy la única que tiene una madre rarita, porque...

¡no hay cosa que más le guste que ir a contracorriente!

Naturalmente, ha puesto cara de «¡A mí no me la das con !».

—Si no me crees, llama a la profe.

»Pero luego no te quejes si te echa la bronca por no confiar en tu hija.

(Carlota me ha chivado que en la reunión de padres nuestro tutor les ha dicho que, si querían hacernos responsables, debían confiar en nosotros. ¡Nunca le estaré lo suficientemente agradecida!)

—Está bien, confiaré en ti —dice clavándome la mirada.

¡¡¡Lo que me costó no venirme abajo!!!

Me siento fatal, una falsa, una traidora...

MIS SUPERRECETAS ESTRELLA PARA SENTIRME MEJOR

Cuando te ves obligada a mentir, intenta resultar convincente.

A madres contracorriente, soluciones creativas.

En la era de la tecnología es imposible vivir en la Edad de Piedra.

Le estoy cogiendo el gustillo a la profesión de psicóloga. Tengo que pensar seriamente en ofrecer mis servicios al resto de mis compañeros.

¡MENUDO PRINGADO!

¿En qué momento se me ocurrió pensar que ir a 1.° de la ESO me daría un estatus especial, que entraría en otra liga?

¡Qué iluso!

¡¡¡SIGO SIENDO UN PRINGADO!!!

¡Un pringado sin móvil, que es la peor clase de pringado!

Todo comenzó con el circuito eléctrico que nos mandó hacer «el Manitas».

Y que nació...

¡¡¡gafado!!!

Esta fue la cara de mi madre cuando le dije en su día todo lo que necesitaba para hacerlo.

Y luego empezó a despotricar:

—Pero ¿qué se creen en el instituto, que tenemos una ferretería? ¿Para quién se supone que es el trabajo: para los niños o para los padres? A ver si se piensan que los demás nos pasamos el día abanicándonos...

Y bla, bla, bla...

¡Se tiró una hora desahogándose!

Fue mi momento de gloria.

Ya es hora de que se dé cuenta de cómo me siento yo cuando ella me exige cosas sin parar.

Cuando terminó, comenté:

—¿A que fastidia cuando te aprietan las tuercas?

Esta es la cara que puso: 

El caso es que no me ha traído las cosas hasta la víspera de la fecha límite, o sea, <u>hoy</u>.

Y eso que se lo recordaba todos los días.

Pero siempre tenía una excusa.

(Las suyas, al contrario que las mías, siempre valen.)

¡Para que veáis cómo funciona la justicia en mi casa!

CONSEJO GRATUITO

(no como los de Marty)

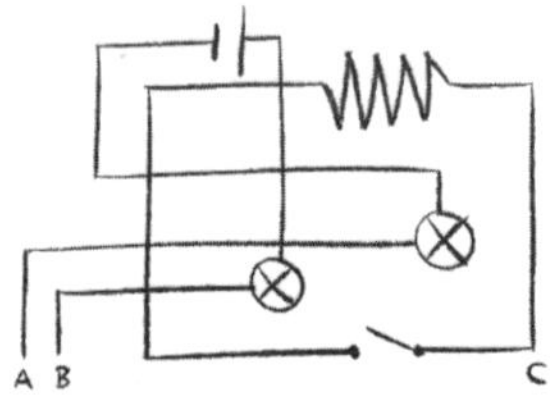

En el dibujo, el circuito parecía chupado.

Pero cuando me he puesto a hacerlo...

¡Uf!

Y encima, mi padre es de los que no saben ni enroscar una bombilla.

Mi madre dice que es un manazas, pero yo creo que es un truco que utiliza para no tener que hacer arreglos caseros.

Si hubiera tenido un móvil...

Por fin he logrado que funcionara...

¡cerca de la medianoche!

Pero una vez en el insti...

¡¡¡La bombilla no se ha encendido!!!

Estoy seguro de que mi madre ha comprado la pila en el chino o de oferta (típico en ella).

Como «el Manitas» es igual que mi madre, que no admite excusas de ningún tipo, he pasado de contarle mis penurias.

—Tienes un suspenso —ha dicho sin inmutarse.

Luego nos ha puesto un nuevo trabajo, que en principio me ha molado un montón:

¡HACER UNA MAQUETA CON ESCAYOLA POR PAREJAS!

Así que esperaba poder recuperar el suspenso.

Peeero... me ha tocado con Mortadelo, que es aún más desastre que yo. (Por eso le ha caído el motecito de marras; ninguno se libra.)

Y por precipitado...

¡¡¡ha echado mal el yeso!!!

Uf. ¡No quiero otro suspenso!

Así que aprovechamos que «el Manitas» ha salido de clase un momento y...

¡TIRAMOS EL MEJUNJE EN EL VÁTER PARA VOLVER A EMPEZAR!

¡¡¡AAAAGGGGHHH!!!

Al contacto con el agua fría, el yeso se ha endurecido al instante.

Y cuando hemos tirado de la  para que se fuera por la ca-ñería...

¡el agua ha comenzado a desbordarse, como una riada!

¡¡¡MENUDO ATASCO!!!

¡¡¡SÁLVESE QUIEN PUEDA!!!

¡Salimos del baño cagando leches antes de que nos descubran!

Y, como no hay dos sin tres, en la siguiente clase...

va la de Lengua y me saca a la pizarra para hacer...

¡UN ANÁLISIS SINTÁCTICO CON
EL DICHOSO SISTEMA DEL ÁRBOL!

Uf. Las ramas se me han enredado en el cuello.

Y me han apretado hasta ahogarme. ¡Aaaaggh!

¡Menudo lío me he hecho con tanto follaje!

Al inventor habría que colgarlo boca abajo en su maldito árbol.

—Es que la profesora del curso anterior lo quería con cajas —alego en mi defensa.

—Ya, pero ahora soy yo quien os da Lengua y quiero que analicéis de esta otra manera —me responde.

¡Toma ya!

¡Para que luego digan que los niños somos caprichosos!

Mucho decir que somos mayores, que estamos ya en la ESO, pero luego no nos dejan libertad de elección.

¡La clase se me ha hecho eterna!

Justo lo contrario que el recreo, que cada día dura menos.

—¡Vamos, a clase! —nos apremia Consuelo.

Es una profe mayor, bajita y con gafas.

Yo me resisto a entrar.

Y me pongo a darle toques al balón tratando de alargar el mejor momento del día.

—Mira, profe, igualito que Ronaldo.

Entonces el balón se me escapa y... **¡ZAS!**, va a estrellarse contra...

¡las gafas de Consuelo!

¡¡¡Tierra, trágame!!!

DESEOS IRREALIZABLES DURANTE MI NEFASTA MAÑANA

* Ser Bricoman.

* Convertirme en Superman y salir volando.
* Tener un cerebro que no necesite estudiar para saberlo todo.
* Volverme invisible.
* Poseer una varita mágica que vuelva todo a su estado natural.

* Poseer una goma de borrar que elimine todas las meteduras de pata.

Pero la cosa no acaba ahí.

En cuanto «el Lamelibranquio» (el profe de Biología y Geología) nos ve entrar en su clase, pone su cara de pepinillo en vinagre y dice:

—Noé Samper y Manuel Delgado, al despacho de la directora.

¡Nos quedamos de piedra pómez!

¿Cómo se había enterado de que habíamos sido nosotros los del yeso?

¿Acaso los del CSI han analizado nuestras huellas?

Si mi madre iba a tener que pagar las gafas y la reparación del váter, estaba...

Creo que hoy voy a necesitar los consejos de Marty.

Aunque me los cobre.

Uf. ¡Qué maja!
Me ha dicho que me los daría gratis si le hacía propaganda de su consulta de psicóloga veinticuatro horas para casos desesperados.

RECETA ESTRELLA
DE MARTY

¡¡¡Culpa a tu madre de todo lo ocurrido!!!

CIRCUITO CIENTÍFICAMENTE DEMOSTRABLE

NIÑO ZOMBI + PILA DEFECTUOSA + SUSPENSO + TRAUMA = CADENA DE DESASTRES

¡Qué tía!

Me he quedado flipando.

No hay duda de que lo suyo es la psicología.

O eso creo.

Tengo mis dudas.

Veréis por qué.

A la salida del insti, Marty, desesperada, me ha pedido que le diga a su madre que el tutor nos ha mandado ver *Supervivientes* para hacer un trabajo de **VALORES ÉTICOS**.

—Vale. Se lo digo a cambio de que me des todos los consejos gratis.
—Me he aprovechado de su desesperación.

—¡Hecho! —ha respondido de inmediato.

Pero su madre no me ha dejado ni hablar.

Se la ha llevado en volandas hacia el coche con esa **cara de estreñida** que solo saben poner las madres en ocasiones extremas.

No sé qué habrá hecho, pero creo que le va a caer un castigo tan gordo como el mío.

MI EPITAFIO: «MURIÓ DE RESPONSABILIDAD»

¿Habéis visto una palabra más odiosa, plasta y absurda que **RESPONSABILIDAD**?

¡¡¡Pesa cien kilos!!!

Y se cuela por cualquier rendija.

Y al menor descuido, te succiona.

Y es un concepto tan AMPLIO que en ella cabe todo.

Como en un cajón de sastre.

¡¡¡Voto por que la quiten del diccionario!!!

Sí, ya sé que el otro día me alegré de que el tutor les dijera a nuestros padres que tenían que confiar en nosotros para hacernos responsables, pero...

¡¡¡donde dije digo, digo Diego!!!

¡¡¡Desde entonces es la palabra favorita de mi madre!!!

¡La escucho a todas horas!

¡La encaja en cualquier frase!

—¡Parece mentira, Puri, tú que eres la mayor! Deberías ser más responsable.

Cada vez que la oigo, siento como si me cayera un armario encima y me aplastara.

Parece hecha de cemento armado.

—¡Encima de que he estado entreteniendo a mi hermano!

—¿Y no se te ha ocurrido un juego mejor que una guerra de *spontex* empapados? ¡Mira cómo habéis puesto la cocina! ¡Y cómo os habéis puesto vosotros! ¡Vaya desastre!

Esperaba, al menos, que mi hermano se solidarizara conmigo, pero esto fue lo que hizo:

¡Menudo sinvergüenza!

—¡Anda que como tu hermano se ponga malo! ¡Eres una irresponsable!

—¡Pues anda que tú, que me mandas mala al instituto!

—¡Purificación! —Cuando está enfadada utiliza mi nombre entero—. ¡Te he dicho mil veces quc no me contestes! Tendrías que estar calladita después de la que has liado.

Como veis, la **RESPONSABILIDAD** funciona solo para los hijos, **NUNCA** para los padres.

Ellos tienen vía libre para saltársela a la torera.

Os juro que mi madre me ha mandado enferma al insti con una tos de perro impresionante.

Pero a mí me dice: «No exageres, si solo tienes unas decimitas de nada».

Le da igual que expanda mis virus y bacterias por toda la clase.

¿Y sabéis por qué tengo el dedo corazón
de la mano derecha torcido?

¡¡¡ME LO ENTABLILLÓ CON UN PALO DE MAGNUM!!!

Así como lo oís.

Se me puso el dedo como una morcilla de Burgos  por un pelotazo, pero decidió que no merecía la pena ir a urgencias.

Dijo que a ella de pequeña se lo entablillaban con un palo de polo y les quedaba estupendo. 

Lo malo es que en casa solo había Magnum.

Y como tiene el palo ondulado... 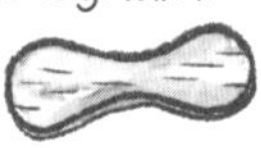 

el dedo me quedó así. 

Pero si se lo recuerdo en momentos como este...

La única salida es...

¡dirigir mi ira contra mi hermanito!

Como veis es un traidor, un chaquetero, un teatrero.

Con sus ocho añitos, sabe latín y consigue todo lo que quiere de mi madre.

¡MENUDO FARSANTE!

RECETAS ESTRELLA

PARA DEFENDERTE DE UN HERMANO TRAIDOR

Amenazarlo con no volver a ayudarlo con los deberes.

Jurar que **dejas** de ser su hermana *ipso facto*.

Amenazarlo con cacarear en casa cada **suspenso** que le pongan en el colegio.

Amenazarlo con **chivarte** cada vez que se lleva comida al cuarto o le coge la tableta a tu madre para ver dibujos animados **prohibidos**.

Os aseguro que estas recetas funcionan a tope.

Durante días tienes a tu hermano comiendo de tu mano.

Y haciéndote mil favores para que no cumplas tus amenazas.

Como veis, mis cualidades de psicóloga no han surgido porque sí, sino...

1. **Por años de incomprensión.**
2. **Por el hecho de ser la mayor.**
3. **Por tener que contrarrestar las tretas de mi hermano para que siempre me las cargue yo.**

Pero volviendo al tema de la **RESPONSABILIDAD**...

¿Quién es el responsable de que nos pongan tantos deberes y tan aburridos?

¿Y quién es responsable de que el instituto parezca más un sitio para ponerte las cosas difíciles que un espacio propicio para aprender?

Madre
Padre
¿Y quién es el responsable de que los padres estén siempre estresados?
El profe de Geografía
Su otro yo (jeje)
¿Y quién es el responsable de que los profes no tengan sentido del humor?
¿Y quién es el responsable de que tus compañeros no duden en atacarte con tal de poner su culo a salvo?
LOS MAYORES SIEMPRE TIENEN RAZÓN.
¿Y quién es el responsable de que los niños siempre salgan perdiendo frente al adulto?
PUES VALE.
Mi tía Concepción en plena acción
¿Y quién es el responsable de que yo aún NO TENGA MÓVIL?

BOLLO, CULETE, MOSCA

En el insti se han puesto de moda tres juegos que molan mazo cuando se los haces a los demás.

Pero cuando te toca a ti...

Y últimamente me toca a mí con demasiada frecuencia.

Uno grita: ¡¡¡BOLLO!!!

Y de repente tienes encima de tu chepa la sierra de Guadarrama en pleno.

¡Este soy yo convertido en loncha de jamón!

Cualquier día me tendrán que hacer el boca a boca.

Claro que no me importaría si me lo hiciera Lucía

Lo peor es que te hagan el Bollo en el recreo.

¡Acuden chavales de todas las clases como las abejas al panal!

¡¡¡CÓMO SE CEBAN!!!

Aunque también corres peligro en el aula porque los últimos se suben a la mesa del profe y se lanzan en plancha desde ahí, sin piedad. ¡AAAAGGH!

De los tres juegos me quedo con el de la **MOSCA**.

Consiste en pasar por en medio de un pasillo de chavales que te cosen a collejas.

Ya sé que no suena muy bien.

Pero tengo una táctica infalible para engañarlos. Je, je, je.

Grito «¡MOSCA!» con cara de coger carrerilla y rápidamente me echo atrás.

En ese caso, si uno te da la colleja cuando aún no has pasado, entonces tú te salvas y le toca a él.

Donde no hay modo de salvarme es en el...

¡CULETE!

Suena más *light* pero...

¡me voy todas las tardes a clase con el culo calentito por culpa de Gargantita!

Gargantita es un niño que está en mi mesa del comedor.

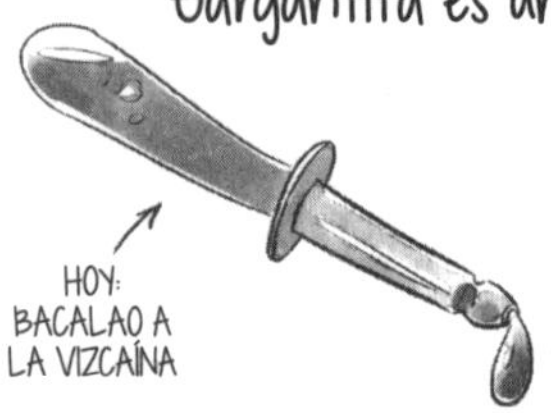

Tiene unas tragaderas tan estrechas que la comida le pasa con cuentagotas.

Un guisante puede estar en su boca diez minutos hasta pasar a la garganta.

¡Mastica cada bocado unas mil veces! De ahí el mote.

Así que nuestra mesa siempre es la última en terminar y, por tanto, en poder salir al recreo.

Me dan ganas de llevar un pasapurés de casa y triturarle toda la comida.

Os explico las reglas del juego del Culete para que entendáis la necesidad de salir al recreo cagando leches:

1. **El último que llega al campo de fútbol se pone debajo del larguero, de cara a la portería, con el culo en pompa.**
2. **Los demás le tiran a dar con el balón.**
3. **El que falla se pone en su lugar.**

Pero hoy nadie ha fallado. **¡Buaaa!**

¡¡¡Me han puesto el culo como un pimiento morrón!!!

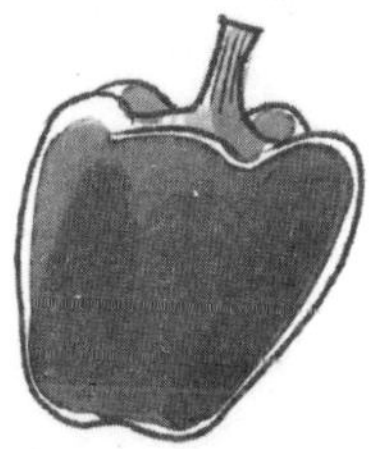

Hasta Marty se ha compadecido de mí cuando he ido a por una receta estrella.

¡Y se ha ofrecido a intercambiarnos nuestras respectivas mesas para que no llegue el último al recreo!

¡Incluso me ha prometido que me va a avisar cuando vayan a por mí en el BOLLO!

¡¡¡Qué maja!!!

A cambio, le he hecho una propaganda bárbara de sus dotes de psicóloga y ahora tiene cola en la consulta que ha montado durante el recreo.

PROS de los JUEGO BESTIAS

* Te endurecen para la vida (eso quiero creer).

* Estrechas lazos con tus colegas al convertiros en compañeros de fatigas.

* Tienes mucho terreno ganado si te quieres apuntar a rugby, o a las pruebas para ser policía, o para entrar en el ejército...

* Se te quitan las ganas de llorar por nada.

* Pones a prueba tus hormonas.

* Generas adrenalina a tope.

CONTRAS de los JUEGOS BESTIAS

* Corres el riesgo de terminar en el .
* Si no lo soportas con paciencia, estás .
* Te vuelves cada vez más salvaje.

* Se te despiertan unas ansias de **VENGANZA** incontrolables.

MI MOMENTO DE GLORIA

Gracias a la propaganda que me ha hecho Noé me he vuelto...

¡¡¡La imprescindible de la clase!!!

Habría preferido ser

«la más popular»

pero...

RAZONES POR LAS QUE NO PUEDO ASPIRAR A ESE TÍTULO:

1) Mi nombre. A pesar de que me hago llamar Marty, todos saben que mi verdadero nombre es **PURI**, lo que me descalifica *ipso facto* para lograr el título.

2) Tener una madre que va a contracorriente y que me empuja directamente al grupo de los margis.

No me compra ropa *fashion*.

Aprovecha la que tengo hasta que se me ve la ropa interior al trasluz.

Me hace ir con los jerséis que me teje mi abuela y que son como los que lleva Carlitos en *CUÉNTAME*.

Ignora los **DESTEÑIDOS** y las pelotillas que les salen.

Me compra mochilas de marca **NISU** (no la conoce ni su padre) y me tienen que durar hasta que se revientan las costuras.

Me deja fuera de onda al no dejarme ver los programas que todos ven.

Y lo peor de todo: **¡AÚN NO ME DEJA TENER MÓVIL!** ¡Soy la única, junto con Marina y Noé, que no tiene! Encima mi padre la apoya. Deben de pensar que es un arma de destrucción masiva.

3) No soy la más guapa de la clase ni la más estilosa.

4) No soy la más atrevida, ni la más gamberra, ni la más chistosa.

(Mi madre piensa que los alumnos de este perfil acaban siendo unos marginados sociales, pero en el insti estas cualidades triunfan mogollón, ¡y hay que vivir al día!)

5) No tengo novio y no parece que vaya a tenerlo.

Pero soy...

La imprescindible.

¡Y me lo he ganado yo solita!

Por mi meritoria trayectoria como psicóloga.

Estos son algunos de los casos que han acudido a mi consulta:

MARINA:

le he explicado cómo tiene que hacerle la **pelota** a «la Piscolabis» (un día nos soltó la palabrita y le cayó el mote) para que le suba el cuatro que sacó en el examen de Lengua.

EMMA:

le he dado un cursillo acelerado para que se ligue a Kevin en la piscina (hacerse la ahogada y que le practique el **boca a boca**).

CARLOTA:

le he levantado la moral varios metros y le he hecho un **plan de adelgazamiento** intensivo (le cambio el Bollicao que se trae de desayuno por los palitos de zanahoria o la fruta que me mete mi madre y la tengo corriendo y haciendo abdominales todos los recreos).

Esta es Carlota haciendo abdominales mientras yo me como su bollo.

MARTA:

le he conseguido un montón de *likes* en Instagram utilizando mis artes de convicción.

MIS RECETAS ESTRELLA

No esperes a que te resuelvan tus problemas. Ponte las  .

Si quieres pescado, cómprate una **caña**.

No hay retos **imposibles**, sino falta de imaginación.

El **hambre** agudiza el ingenio.

Ingéniatelas para hacer algo **diferente** a los demás.

El ingenio vale más que la belleza.

DÍA DE PUNTOS NEGATIVOS

Todo el mundo se empeña en decir que los idiomas te abren muchas puertas en la vida, que son un trampolín para el futuro...

¡¡¡MENTIRA PODRIDA!!!

A mí el inglés me catapulta directamente al fracaso.

Por su culpa tengo tantos negativos en Biología y Geología como para empapelar toda la clase.

Debo de andar por el -100.

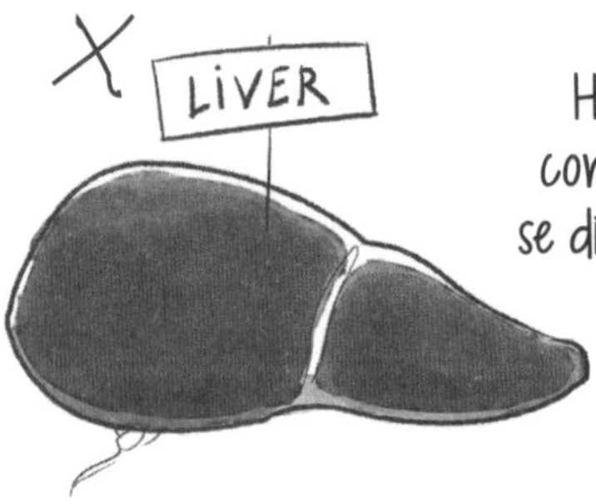

Hoy ha sido porque he confundido el hígado, que se dice ***Liver***, con el riñón, que es ***kidney***.

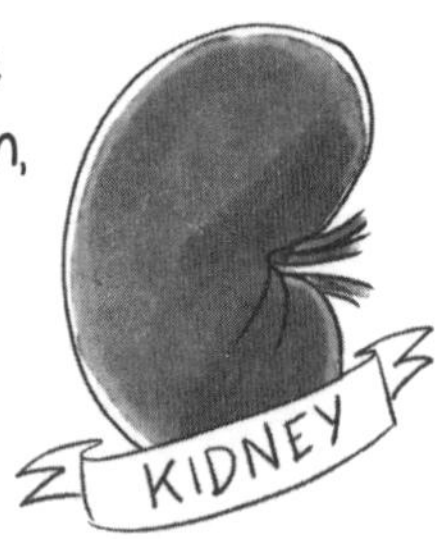

Estoy seguro de que, si diéramos esta asignatura en español, «el Lamelibranquio» me pondría sobresalientes. Incluso llegaría a *Top Chef*.

He alegado en mi favor que, al fin y al cabo, los dos eran órganos y de color marrón rojizo, que no era tan grave.

Entonces él me ha clavado la mirada y me ha dicho:

—¡Espero que no te pongas malo en Inglaterra!

¡Las carcajadas de mis compañeros se han oído en el Big Ben!

Menú

QUE PIDEN MIS TRIPAS AL FINAL DE LA MAÑANA

Hamburguesas.

Patatas fritas.

Montaditos de lomo.

Perritos calientes.

Burritos.

Quesadillas.

Nachos con salsa de queso.

Pila de tortitas con nata.

Comida que toca hoy:

¡¡¡guisantes con jamón rancio!!!

Encima, el segundo negativo me ha caído ¡durante la comida!

¿Que cómo es posible que en el comedor te pongan negativos?

Con «el Camaleón» todo es posible.

Se camufla tan bien que nunca lo ves venir.

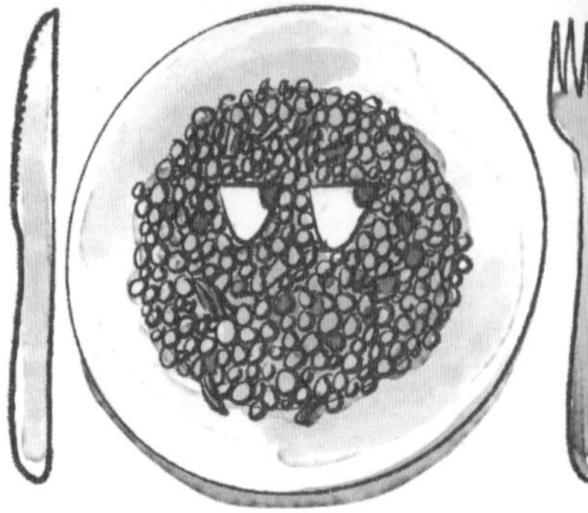

Es especialista en pillar a la gente.

Y esta vez me ha tocado a mí.

Ha ocurrido en plena guerra de guisantes.

(En nuestro insti son como perdigones. ¡Y me quedo corto!)

Este es Ballenato, especialista en hacer que te pillen, lanzándome uno al cuello justo cuando «el Camaleón» comenzaba un giro de 180°.

Yo, en mi afán de revancha, se lo he devuelto sin darme cuenta de su jugada y...

¡¡¡ME HA PILLADO!!!

SUPERRECETAS
DE MARTY

No dejes que ningún profe te coma la moral.

Cuando te minen la moral, imagínatelos sentados en el **retrete**.

Hazle ver al «Lamelibranquio» que tiene un acento tan **malo** que te confunde.

Negocia con «el Camaleón» para que te quite el negativo:

Si los guisantes fueran **comestibles**, no los utilizarías como perdigones.

Esos guisantes no pasarían una **inspección**.

Estabas haciendo un test para ver si Gargantita se los podía comer **sin ahogarse**.

Dile a Ballenato que te haga el próximo trabajo de Tecnología por **no haberte** chivado de él.

¡TENGO UN ZAPATÓFONO!

¡Por fin tengo un móvil!

Bueno, es un zapatófono, pero estoy tan feliz...

Ha sido gracias a mi abuela.

Se ha comprado un móvil nuevo y ha convencido a mis padres para que me dejaran heredar el suyo.

Siempre la he querido, pero ahora...

¡¡¡MUCHO MÁS!!!

(No quiero parecer una interesada: mi cariño por ella es auténtico, lo juro.)

¡¡¡Cómo mola tener móvil!!!

Me he hinchado a ver vídeos y memes.

He enviado cientos de *wasaps*. ¡Es lo que tiene **ESTRENAR** algo!

¡Por fin he dejado de ser una *outsider*!

Me he estrenado con Carlota. **¡Qué emoción!**

Marty
Hi, I'm using whatsapp.

Carlota
✌✌✌

Marty
M añds al grpo?

Carlota
A ver q dice Princesa

Marty
Helena con h?

Carlota
Sip

Marty

Carlota

Marty
Qdmos hoy?

Carlota
Toy cstigda

Marty
X?

Carlota
E cntstao mal a mi pdre

Marty

Pero como tenía móvil, no me ha importado no salir.
Me he abierto cuenta en Snapchat y he subido cientos de fotos:

FOTOS

- Lo que he desayunado.
- Lo que he comido.
- Lo que he merendado.
- Muestrario de *looks*.
- El que finalmente he escogido.
- Poses *in fraganti* de mi familia.

SELFIS

- Con cara de perro.
- Con cara de cerdita.
- Vomitando un arco iris.
- Rodeada de fantasmas.
- Con distintas poses de baile.
- Con un Pokémon.

CARLOTA
T faltan ftos en el bño!

MARTY
Jajaja

HELENA CON HACHE
Ptética!

Ese comentario me ha paralizado.

¿Lo deben de estar pensando todas o solo ella?

He imaginado las conversaciones privadas con el resto.

¿Se estarán riendo de mí?

De pronto he comprendido que el móvil podía ser un arma de doble filo.

Una pena que Noé no tenga móvil;
me hubiera gustado *wasapearme* con él.

AUTOCONSEJOS

No dejar que una gili... arruine mi estreno de móvil.

Hacer ver a mis padres las numerosas ventajas de desarrollo intelectual que tiene el móvil para mí.

Explorar a fondo las infinitas posibilidades que me ofrece.

Aprender a dominar el lenguaje de los emoticonos.

Compartir con mi padre vídeos, memes y trucos.

Enseñarle a mi madre posturas de yoga, recetas macrobióticas...

Jugar con mi hermano a los marcianitos.

EL ÚNICO SIN MÓVIL

Ya solo quedo yo.

Me siento como mi tocayo, el del arca, flotando en la más absoluta soledad de las aguas sin nadie con quien hablar excepto su familia y sus animales.

Al menos él tenía la misión de salvar al mundo. Y animales.

Pero ¿yo?

Lo gracioso es que mis padres creen que me están salvando de no sé qué peligros imaginarios.

¿Qué quieren, que me quede sin amigos?
¿Que viva al margen del mundo?

—También podríamos vivir en una cueva. Y vestirnos con pieles. Y utilizar el tam-tam. Y cocinar en una hoguera...

—No digas chorradas, Noé —me interrumpe mi padre.

—No son chorradas. ¿Qué haríais sin lavadora, ni lavavajillas, ni vitrocerámica, aspiradora u ordenador? No sé por qué unos inventos os valen y otros no.

—Ya te llegará el momento de tener móvil.

—¿Cuándo? ¿Cuándo tenga nietos? Porque a este paso... Hasta a Marty le han dado uno. Es un instrumento imprescindible. Igual en vuestra época no, pero ahora no eres nadie sin un móvil.

—Eso sí que es una sandez —salta mi madre—. El móvil no tiene nada que ver con el ser, no cambia a las personas y, si lo hace, malo.

—Pero ¿qué os pensáis? ¿Que me van a salir cuernos? ¿Que me voy a volver tonto? ¿Que me voy a convertir en un marciano?

—Conozco a más de uno —dice mi padre.

—Al menos deberíais darme una oportunidad.

—Ya vale de darnos la chapa, Noé. Estás acabando con nuestra paciencia.

—Bueno, los adultos tenéis muy poca. Hay juegos del móvil que la ejercitan...

—¡¡¡Noé, vale ya!!!

Todas las conversaciones sobre el móvil terminan de la misma manera.

¡¡¡QUÉ IMPOTENCIA!!!

¿Por qué me han tenido que tocar unos padres cerriles, que se niegan al progreso y que ven peligros donde no los hay?

CAUSAS DE MARGINACIÓN ESCOLAR

1) No tener móvil.

2) No tener móvil.

3) No tener móvil...

No se dan cuenta de lo difícil que resulta ya ser un adolescente.

CONTRAS de la ADOLESCENCIA

Tener unos brazos que te llegan **más abajo** de la rodilla.
(Espero que mis piernas crezcan rápido para no parecer un simio.)

Tener un sueño y un **cansancio** atroces.

Que se te llene la cara de **espinillas**.

Tener **hambre** a todas horas.

Soltar **gallos** en los momentos más inoportunos.

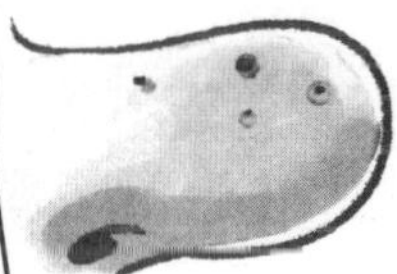

Que tu **nariz** se convierta en una porra.

Que te asome una sombra en el **bigotito** que te vuelve horripilante.

Que tus zapatillas **huelan a queso** de Cabrales aunque las dejes toda la noche en la ventana.

Que te apesten los **alerones** en cuanto haces deporte.

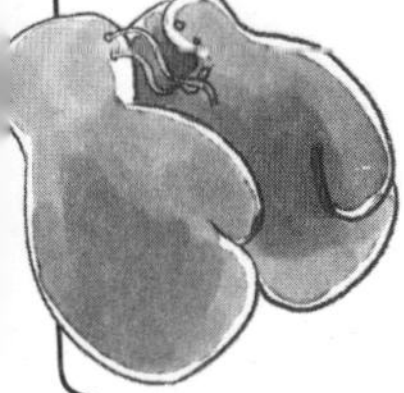

Que a menudo tengas ganas de convertirte en Hulk y liarte a **mamporrazos**.

¡Y encima me acabo de dar cuenta de que no tiene pros!

Si crezco sin complejos será un milagro.

Hoy paso de pedirle consejos a Marty.

No quiero perder la poca reputación que me queda.

LA SEÑORITA INGE

Gracias a la señorita Inge, mi clientela ha subido como la espuma. Es la profesora de Ballet y especialista en **hundirte la autoestima** (la mía ya viene así de fábrica gracias a mi nombre).

—¡Cubos de basurra! ¡Parrecéis elefantes! ¡Vais a romper el suelo!

Me parto la caja con sus flores. 😂
Pero a ella no le hace ninguna gracia que me ría.

—¡Purrificación!

Mi nombre en sus labios suena a purga en campo de exterminio.

—Estás loca, siempre riéndote. El otro día te vi riéndote sola.

JA, JA, JA, JA.

¡Si supiera que fue al acordarme de su clase!

La pobre cree que ha venido al Bolshói.
Menudos delirios de grandeza.

¡No sabe dónde se ha metido!

Las chicas me contaron que en la representación de fin de curso se compra a sí misma un ramo de flores para que una de las alumnas se lo entregue al final con una reverencia.

¡¡¡Y LA TÍA SE HACE LA SORPRENDIDA!!!

JA, JA, JA, JA. ¡Me muero de la risa!

Yo ya tengo asumido que no tendré ningún papel principal en la obra de fin de curso, porque:

* tengo más pinta de OCA que de **cisne**.
* NO soy **rubia**.
* NO tengo los **ojos azules**.

Pero Carlota está desesperada porque, aunque baila muy bien, nunca la elige, según ella por estar gorda y ser renegrida.

—¡Deja de comer bollitos! —le soltó el otro día al verla en el recreo zampándose un dónut.

Lo que tiene que hacer Carlota es dejar de preocuparse por lo que le dice la señorita Inge.

Y reírse, como hago yo.

Pero ella quiere ser bailarina y le gustaría que le diera un papel principal.

La señorita Inge debería saber que este tipo de traumas pueden frustrar una brillante carrera.

Igual ella misma es víctima de alguna frustración.

¡El mundo está lleno frustraciones en cadena!

Pero gracias a la señorita Inge...

¡¡¡TENGO MOGOLLÓN DE TRABAJO COMO PSICÓLOGA!!!

Aunque ella no sabe que es mi principal cantera de pacientes.

Carlota es la más asidua, así que me siento obligada a rendirle un homenaje a la señorita Inge.

Señorita Inge, hoy le dedico todos mis *pliés* y mis *ronds de jambe* y mis *frappés* y mis *pas de bourré* y mis *jetés*...

—¡Purrificación, ese *tendu*! Bailas con misma grracia que camello derrapando porr las dunas.

Imagino al camello en nuestra clase, enredándosele las patas al hacer un *battement*, y me cuesta aguantar la risa.

—¡Vamos, vamos, mirra al frrente! Coge un punto y no lo dejes, o caerrás como saco de patatas.

Después de cinco piruetas seguidas, no sé ni dónde estoy, me siento mareada como una cuba, pero esa mujer me resulta tan graciosa...

¡Por usted, señorita Inge,
que tan buenos momentos me ha dado!

¡Toma pirueta!

No sé cómo lo he hecho, pero me he llevado por delante a la señorita Inge y las dos hemos caído al suelo enredadas cual .

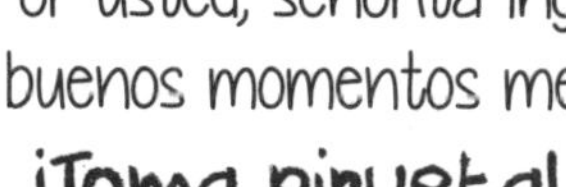

Ahora sí que tengo motivos para reírme sola.

JA, JA, JA, JA.

MIS RECETAS ESTRELLA PARA CARLOTA

No te dejes hundir por alguien que vive en los mundos **de Yupi**.

No hagas caso de una señora que está frustrada por no ser **primera bailarina** en el Royal Ballet.

A Einstein le dijeron que era **retrasado**.

A **Messi** le dijeron que no valía para jugar al fútbol.

A **Shakira** la rechazaron en un coro porque cantaba como las cabras.

Y a Michael Jackson le dijeron que parecía una **anguila** bailando.

Esto último me lo he inventado pero ha sido por una buena acción.

¡¡¡Perdóname, Michael!!!

EL PEOR PLAN DEL MUNDO

No sé para vosotros, pero para mí no hay nada peor que tener que acompañar a mi padre al supermercado después del insti.

¿Quién dijo que se había abolido la esclavitud?

Mi padre tiene más peligro en un súper que los del CSI con una lupa en la mano.

Estudia los precios como si estuviera realizando una investigación sobre la mosca del vinagre.

¡Sacaría sobresaliente en un examen de ofertas!

Y por si fuera poco, se lee toda la letra minúscula de los envases para saber qué ingredientes tiene cada producto. Es desesperante.

¡¡¡Por favor, un concurso de esto en la tele ya; nos haríamos ricos!!!

Además es superindeciso.

Pero ni se te ocurra intentar ayudarlo...

—¿Tú crees que este jamón es mejor?

—Sí, es más rosadito.

—No sé... Tiene más sal...

—Vale, entonces coge el que quieras.

—Y ¿qué te parece este?

«Y nos dieron las diez y las once...» Como en la canción de Sabina que me pone en el coche siempre que puede.

Pero su perdición es...

¡El pasillo de las galletas!

Ahí puede pasar una hora de reloj, y no exagero nada. ¡Uf!

Mientras él lleva a cabo un estudio comparativo sobre cuáles contienen más fibra y menos azúcar, me dedico a meter chocolatinas camufladas en el carro.

Esto es fácil.

¡Lo difícil es el momento de pasarlas por caja!

Mi truco es depositarlas en la cinta mientras distraigo a mi padre contándole cualquier cosa que le llame la atención.

—¿Sabes que Lucía ha suspendido Mates?

—¡¿Lucía?! ¿Te refieres a Lucía Ballarín? ¿Cómo es posible? Si siempre saca sobresalientes.

Lucía, perdóname esta mentirijilla, tu fama de empollona no va a decaer por ella; en cambio, para mí es vital.

Es que mi padre es de la secta de la comida sana y yo...

¡¡¡tengo mono de CHOCOLATE!!!

DING, DING, DING, DING.

—Lo siento, pero no me lee los códigos —dice la cajera con dos de las chocolatinas en la mano.

¡¡¡AAAGGGGHHH!!!

—Esas chocolatinas no son mías —dice mi padre sin coscarse de mi truco; pero mi cara de sandía y la mirada de la cajera me delatan.

—Noé, ¿has cogido tú las chocolatinas?

—Creo que me lo he merecido. 

—Eso es puro veneno y lo sabes.

—El chocolate tiene hierro y el hierro es bueno para la memoria.

LISTADO DE SUEÑOS IMPOSIBLES

* Tener un cajón en mi cuarto lleno de chocolatinas.
* Tener un móvil de primera. 
* Crecer quince centímetros en una noche.
* Que mi padre haga la compra por internet. 
* Que mi madre nos deje tener perro (mi padre me apoya).
* Marcar seis goles en el partido del sábado. 

RECETAS DE MARTY

Para hacer más llevadero el momento súper

NEGOCIA CON TU PADRE:

Tienes derecho a un **sueldo** por hacerle de mozo de carga.

Suma los minutos que pasa comparando precios y leyendo etiquetas y **canjéalos** por chocolatinas.

Tienes derecho a una **propina** por ayudarlo a subir la compra a casa y a colocar las cosas en su sitio.

Hazle ver el **dineral** que se está ahorrando en fisioterapeuta.

Adviértele de lo perjudicada que estará **tu espalda** cuando llegues a su edad.

Lo que te pague lleva intereses por todas las compras que le has hecho gratis.

CONVÉNCELO DE QUE ES **PEOR** EL TRAUMA DE NO PODER TOMAR CHOCOLATE QUE EL PERJUICIO PARA LA SALUD SI LO TOMAS.

OBJETIVO: TENER NOVIO

«El Lamelibranquio» nos ha dicho que no hay retos imposibles, sino personas incapaces.

Que es importante apuntar alto, tener altura de miras.

En vista de ello me he propuesto...

¡¡¡SER LA MÁS POPULAR!!!

No hay nada como que me toquen la moral para que me ponga las .

Ya verá hasta dónde llegan mis miras.

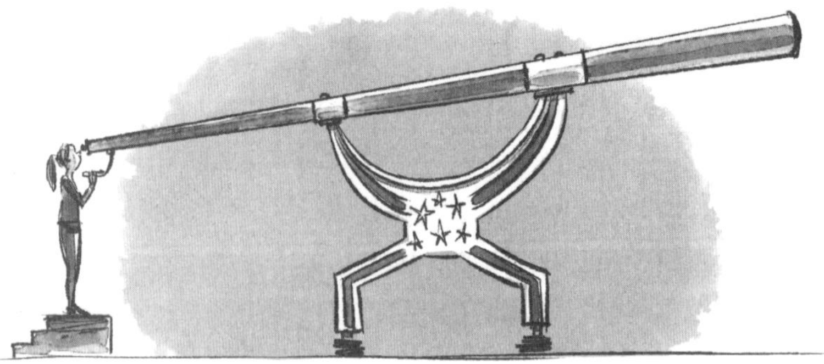

Sí, ya sé que hay un montón de razones personales y familiares que me impiden llegar a ser la más popular.

No me he olvidado.

Soy realista.

Por eso he decidido poner la mira del  en...

¡¡¡ligarme a Hugo, el más bueno de la clase!!!

Sí, vale, también sé que voy a necesitar currármelo. 

Pero una tiene sus...

¡¡¡Supertrucos!!!

Averiguar qué le gusta en una chica.

Convertirme en imprescindible para él.

Advertirle cuando vayan a por él en el Bollo.

Unirme a su clan de *Clash Royale* y donarle todas las cartas épicas que me pida

(si tengo que gastarme todas las pagas, las doy por bien empleadas).

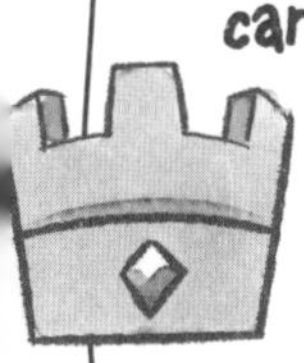

Mandarle *wasaps* intrigantes desde mi zapatófono

(aún no tiene mi número).

E vsto + allá d ts ojs
cntigo el día es + dvrtido
pnta de azul mi día gris
una fracción de sg contigo.
¡Ojalá!

Enviarle poemas de amor anónimos.

Mi primer poema de amor a Hugo

Un buen día alguien entra en mi vida.
Inesperadamente.
Y me alegra el día a día.
Verlo por los pasillos
hace que mi corazón
dé saltos de alegría.
Él aún no sabe que existo.
Igual te parece una tontería.
Pero ¡¡quién sabe
si con el tiempo me amaría!!

He empezado con la moral muy alta.
Aunque averiguar lo que le gusta en una chica me la ha bajado un poco porque su referente de belleza es...

¡¡¡Helena con hache!!!

(Se ha ganado el nombre a pulso)

Helena tiene los ojos azules,
una melena rubia, lisa, brillante...
y una cinturita como la de la Barbie.

PERO ¡¡¡NO HAY QUE DESESPERAR!!!

- **Existen lentillas que te cambian el color de los ojos.**
- **Tinte de pelo que te vuelve rubia en veinte minutos.**
- **Sesiones de aro para reducir el flotador.**

De momento me conformo con NO hacer Educación Física.

En esta clase te conviertes en el ejemplo más antisexi del mundo mundial:

- **Las cachas blancas al aire.**
- **El pelo y la frente chorreando.**
- **Mofletes de Heidi.**
- **La lengua fuera.**
- **Cara de Popeye después de una pelea con Brutus...**

—Sergio, verás... Hoy no puedo hacer gimnasia. Estoy mala y tengo un dolor de tripa espantoso —he susurrado agarrándome la tripa.

—¡Tres reglas en el mismo mes! —ha vociferado él con cara de guasa.

Todos los ojos se han clavado en mí, incluidos los de Hugo.

¡¡¡Tierra, trágame!!!

Ups. ¿Aún no hemos cambiado de mes?

¡Menuda memoria la de este tío!

—¡Venga, Puri, a cambiarte!

Podría haber alegado tener desarreglos, pero el pitorreo de mis compañeros me ha dejado sin palabras.

¡Si eso es compañerismo...!

Y encima el profe nos ha hecho trepar por la cuerda.

A punto he estado de caer como un saco de patatas a los pies de Hugo.

¡Vaya comienzo!

RECETAS QUE
NO FUNCIONAN
PARA LIGAR (las he probado)

- Animar al chico que te gusta en el recreo durante los partidos de fútbol. Lo único que vas a conseguir es...
- Jugar tú al fútbol en el mismo equipo que él para hacerte coleguita. Te llamará paquete cada vez que pierdas una oportunidad de gol.
- **Retarlo** en *Clash Royale*. Se enfadará contigo cada vez que le ganes.
- Comerte su coliflor para, a continuación, vomitarla en el plato.
- Convertirte en una pagafantas.
- Soplarle en un examen. El cero te lo pondrán a ti.
- Querer caerle bien a su amigo íntimo. Creerá que estás interesado en él.

Pero ¡¡¡no me doy por vencida!!!

LA SUSTITUTA

«El Lamelibranquio» tiene una hernia de disco, así que ha venido una profe nueva a sustituirlo.

¡¡¡Es genial!!!

No creo que exista nadie más **despistada** que ella en toda la Tierra.

Cada vez que se pone a escribir en la pizarra, adelantamos un poco las mesas y las sillas.

¡Y la tía ni se cosca!

Continúa impartiendo la lección como si nada.

Así que nos hemos ido envalentonando. Cada vez un poco más...

Y un poco más...

Hasta que hemos terminado acorralándola contra la pizarra.

—Chicos, ¿veis bien?

Nuestra carcajada se ha oído en China.

—Hablaré con la directora para que vengan a haceros una revisión.

¡¡¡Nos quedamos bocas!!!

—No hace falta, seño —he saltado—. Es que estábamos tan interesados en el tema que nos hemos ido emocionando y…

—Entonces mañana me traéis un trabajo de investigación sobre el sistema nervioso. Y que sepáis que me gustan los originales, no las malas copias.

¡¡¡Ups!!! 

Me la he cargado con mis compañeros.

¡Qué falta de solidaridad!

Encima de que he salido al paso para evitar que hablara con la dire…

Al día siguiente, en venganza, he dejado huellas del borrador, lleno de tiza, en su silla.

¡Y ha venido con un pantalón negro!

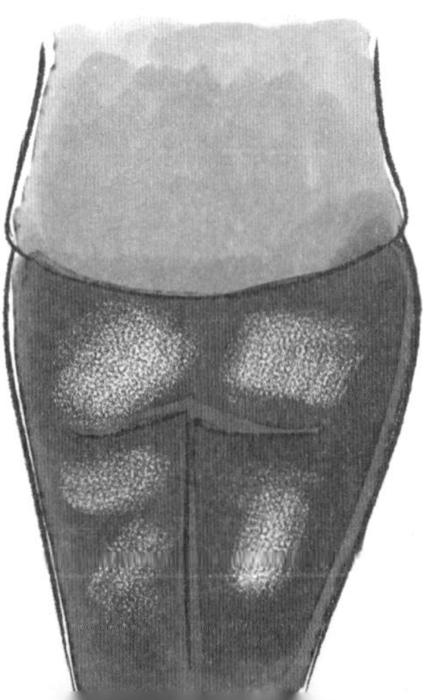

Cada vez que se ha vuelto, hemos soltado una carcajada.

—Me alegra ver que el sistema nervioso os pone tan contentos, así que, para que sigáis disfrutando, me vais a hacer un trabajito sobre los **actos nerviosos reflejos** y los **voluntarios**.

¡Uf, ya le hemos cogido el punto a la nueva!

¡Y parecía que no se enteraba de nada!

ADVERTENCIAS DE MARTY
SOBRE LOS PROFES

Un profesor es una caja de sorpresas.

Nunca te fíes de las apariencias: debajo de una piel de cordero puede haber UN LOBO en potencia.

Desconfía de los que van de guais y de coleguitas, suelen ser los peores.

Cuando crees que le has pillado el punto, se convierte en una coma.

Los profesores dan muchos CONSEJOS, pero no admiten que tú se los des.

Les encanta hablar; pero no que seas tú quien hable.

Conocer a un profesor es como caminar por la JUNGLA.

Los profesores son una pura contradicción: te dicen que no estudies de MEMORIA pero te ponen exámenes para que demuestres que tienes memoria.

Aunque los profes nuevos empiezan con MUCHAS GANAS, las van perdiendo a medida que ven a lo que se tienen que enfrentar.

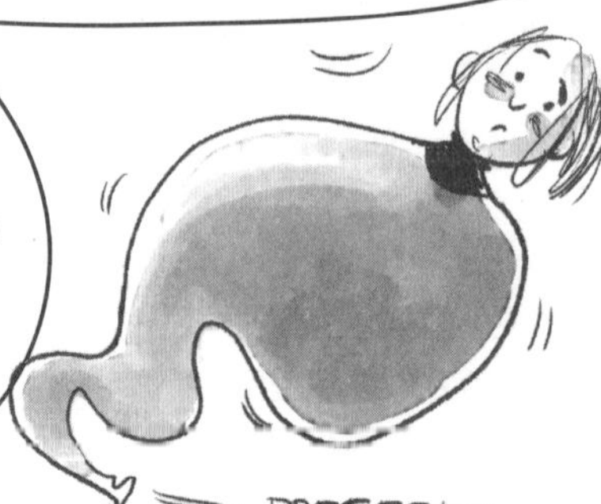

Sin embargo, a pesar de los trabajitos y las advertencias de Marty, Izan y yo hemos entrado en una vorágine de retos con esta profe y no podemos parar.

El primero ha sido apuntarle con el láser cada vez que escribe en la pizarra.

Pero ¡la tía ni siquiera se ha coscado a pesar de las risas!

—Por favor, a ver si dejáis fuera de clase vuestros respectivos pavos.

Izan y yo nos hemos mirado pensando lo mismo.

¿Cuánto costaría un pavo vivo y dónde podríamos comprarlo?

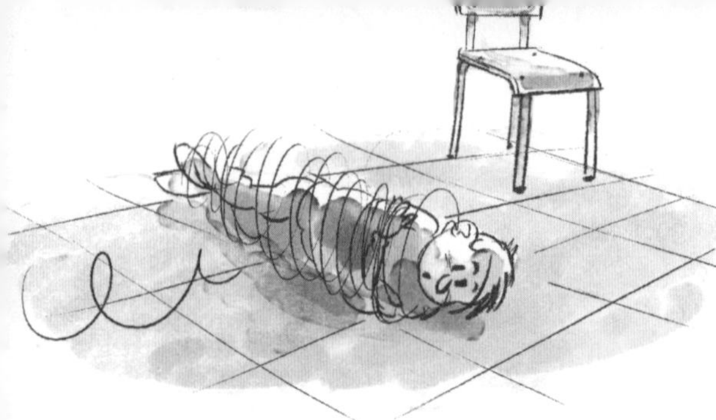

En cuanto ha vuelto a escribir en la pizarra, Izan se ha levantado y se ha puesto a hacer la croqueta en el suelo.

Pero antes de que ella se diera la vuelta ya estaba sentado de nuevo en su sitio.

—Te toca —me ha retado.

¡MENUDO PIQUE QUE NOS TRAEMOS!

Hay que demostrar que puedes más que el otro.

Es como si el miedo nos hubiera abandonado y la insensatez se hubiera apoderado de nuestra mente.

Espero salivando a que la profe se vuelva a escribir de nuevo.

Tengo la misma ansiedad que el perro que se vicia yendo a buscar la pelota y quiere que se la tiren sin parar.

—Noé, sal a la pizarra.

¡¡¡Ya me ha fastidiado el plan!!!

—Dibuja las partes del encéfalo.

¿Por qué diablos me saca justo a mí, que dibujo fatal?

Apretujo una masa de sesos lo mejor que puedo dentro de una cabeza con forma de pepino.

—¿Dónde está el bulbo raquídeo?

Uf. ¡No tengo ni idea!

Sitúo la tiza en la parte posterior de la cabeza.

—Ahí está el cerebelo.

—¡Ah!

Me lo ha tenido que decir ella.

—Ponme ahora un ejemplo de movimiento reflejo y explícame cómo actúa.

¡De pronto se me enciende una luz!

Y veo la ocasión de ganar a Izan en este reto…

Me tiro al suelo y empiezo a hacer la croqueta como un poseso.

—¡Noé! ¿Qué estás haciendo? **¡Haz el favor de levantarte!**

Estoy tan emocionado por la idea tan brillante que se me había ocurrido que ni oigo la voz de la profe.

—¡Noé! ¿Te has vuelto loco? ¡¡¡NOÉÉÉÉÉ!!!

Esta vez sí que la he oído. **¡Menudo berrido!**

Me pongo en pie en una exhalación.

—¿Tú estás loco?

—Era un acto reflejo, profe.

—Además de hacer el tonto, no sabes lo que son los actos reflejos.

—Sí que lo sé, profe. Son los que haces sin pensar.

La clase estalla en una sonora carcajada.

—Sería bueno que donaras tu cerebro a la ciencia. Sin duda alguna le faltan conexiones.

¡Menuda cara de bobo se me queda!

Y encima me cae un nuevo trabajito sobre los actos reflejos y voluntarios.

ANÓNIMOS

QUE ME GUSTARÍA MANDARLE A LA SUSTITUTA

NI LOS PAVOS QUERRÁN COMER TU CEREBRO RETORCIDO.

TE PLANTARÍA UN NUEVO BULBO RAQUÍDEO.

NO TIENES ENCÉFALO, TIENES TRICÉFALO.

¡OJO CON LOS SESOS, NO TE LOS FRÍAN!

¡A ver qué recetas me da Marty!

RECETAS ESTRELLA DE MARTY

Convencer a «Doña Trabajitos» de que sufrí un trastorno mental transitorio debido al estrés causado por:

unos padres que me **explotan** en casa mandándome todo tipo de trabajos inhumanos para un niño.

la cantidad de **deberes** (nunca acabo de hacerlos antes de la medianoche).

tener que **sobrevivir** a los compañeros que te pican continuamente para que estés a la altura.

aguantar los cambios de humor de mi hermana.

estar tanto tiempo **sentado** en una silla cuando soy hiperactivo.

En este punto me he rebelado, le he dicho que no era un loco.

—¿Tú quieres que te perdone el trabajo o no? 

CARTA AL «LAMELIBRANQUIO»

Querido Alberto:

¿Qué tal estás de tu operación? *How is your spine?*

Espero que te encuentres ya bien y puedas regresar pronto a darnos clase.

¡¡¡Te echamos de menos!!! ¡No sabes cuánto!

Nos gustan mucho tus clases a pesar de que seas exigente. Sabemos que es por nuestro bien, aunque a veces no parezcamos apreciarlo. También nos gusta que siempre vayas de frente, no como tu sustituta, que es Cruella de Vil disfrazada de dálmata. ¡Y no exagero un pelo!

Te prometo que nunca volveré a confundir el *liver* con los *kidneys* ni ningún otro órgano del cuerpo humano. Aunque igual podrías convencer a mis padres para que me lleven a conocer Londres: creo que eso mejoraría considerablemente mi acento.

Un cariñoso abrazo de tu alumno,

Noé Samper

Después de escribir la carta, he sentido un gran alivio, como si me hubiera reconciliado con el mundo.

JUST DANCE

Unos vídeos de baile chulísimos que he descubierto en internet me han dado la idea de formar un club de *Just Dance* en el instituto.

¡Menudo éxito ha tenido mi iniciativa!

Nos pasamos los recreos ensayando las coreos.

Como veis, con esta iniciativa he conseguido ser popular en un tiempo récord.

Pero la de ligarme a Hugo va más lenta que una tortuga.

Bailamos desde el ***Gangnam Style***, pasando por el ***Rock de la Cárcel*** de Elvis Presley hasta canciones de **Lady Gaga**.

¡Nos lo pasamos bomba!

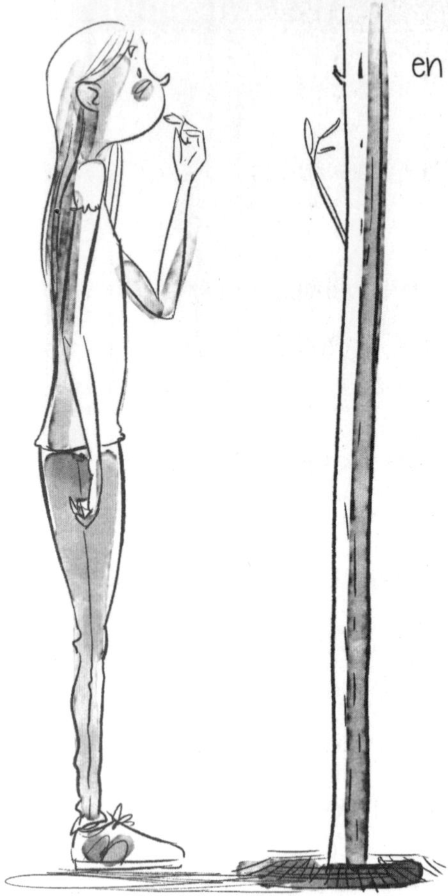

¡Por fin he encontrado algo en lo que ganar a Helena con hache!

Es un palillo.

Tan rígida como un esquí de fondo.

Y su culo es casi inexistente.

¡Alguna ventaja tenía que tener mi pandero!

Tampoco es el de Jennifer López, ¿eh?

Lo malo es que los chicos vienen a mirar donde no deben.

¡A saber lo que comentan!

¡Qué plastas!

Carlota está convencida de que critican su delantera.

Es la que tiene más pecho.

Nunca se quita el jersey, aunque se muera de calor.

En vista de eso, nosotras nos dedicamos a quitarles el balón a ellos cuando están jugando al fútbol y a perseguir todas a uno por el patio.

Decimos un nombre y allá vamos, a por él.

Ha resultado ser una buena táctica disuasoria, ¡OLÉ!

LISTADO DE CONTRAS DE LOS CHICOS

- Son unos plastas.
- Se empeñan en estar cuando no los necesitas.
- Nos hacen la vida imposible.

- Siempre te están buscando las cosquillas.
- Aprovechan cualquier ocasión para meterse con nosotras.
- Son unos brutos.
- Tienen más poco tacto que las pezuñas de un caballo.

- Son unos descarados.

- Miran donde no deben.
- Te dicen burradas.

- Lo que hace uno lo hacen todos.
- Solo se fijan en el aspecto.
- Todos están por Helena con hache.

LISTADO DE PROS

- Sin ellos la vida sería mucho más aburrida.
- No puedes evitar que te gusten más que el chocolate.
- Te alegra el día ver al chico que te gusta.
- Tener novio da un plus de popularidad.

Sí, sé que, por las leyes físicas, la balanza debería de inclinarse hacia los contras, pero...

¡a veces las leyes físicas fallan!

También en casa tengo que aguantar a mi hermanito.

CONTRAS DE TENER UN HERMANO PEQUEÑO

* Es un cotilla.
* Un plasta.
* No para de espiarme.
* En su afán por imitar a Spiderman ha conseguido ser tan silencioso como él. (Y eso que yo lo huelo a distancia.)

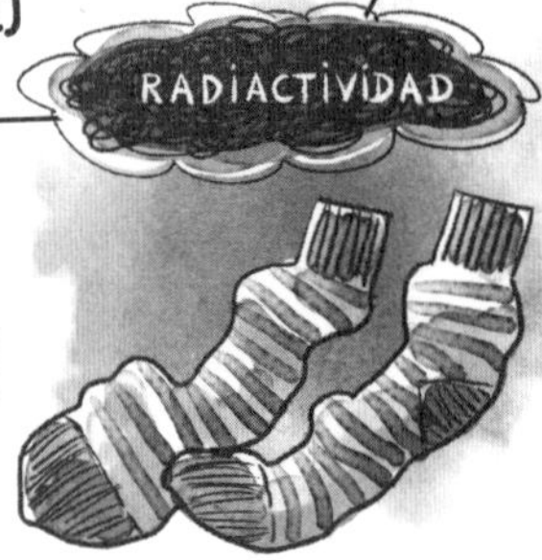

Sus pies son dos quesos camembert.

¡¡¡Apestosos!!!

He llegado a tirar sus calcetines al cubo de la basura que está en el sótano para que no se mezclen con el resto de la ropa sucia en el cesto.

¡Luego mi madre se queja de que faltan calcetines!

Pero esta vez mi hermanito estaba recién bañado.

Y ha entrado en mi cuarto descalzo...

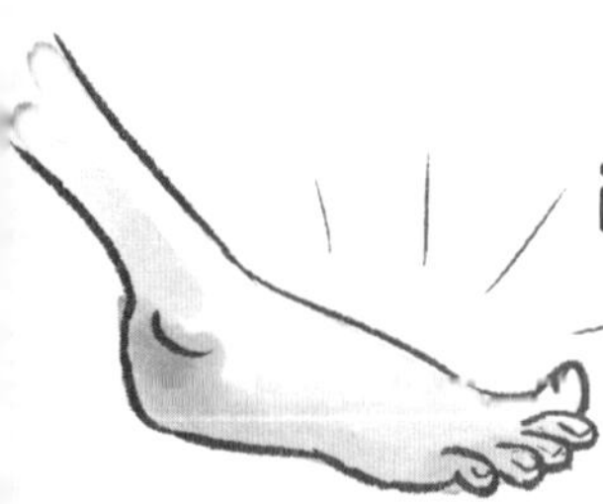

¡y me ha pillado bailando en vez de haciendo los deberes!

¡Socorro: estoy sometida a su chantaje!

Me ha dicho que, si no lo dejo estar mientras bailo, le cuenta a mis padres que bailo en lugar de estudiar.
Y como ha visto que el chantaje le da resultado, se aprovecha.

¡Estoy perdida!

Ahora vemos sus dibujos favoritos en lugar de mis series favoritas.
Pero pronto cambiará su suerte.

¡En cuanto lo pille yo a él haciendo alguna!
¡QUIEN RÍE ÚLTIMO, RÍE MEJOR!

De momento tengo que aguantar que me imite mientras ensayo.
Parece una lombricilla retorciéndose.
En cambio, yo me he convertido en...

¡¡¡una profesional del *Just Dance*!!!

¡Si nos viera la señorita Inge bailando así en el recreo!

Soy la mejor por votación popular.
Voy a tener que cobrar entrada.
Ahora hay cola para formar parte del club.

¡¡¡Mi popularidad está subiendo como la espuma!!!

Nunca pensé que podría llegar a tener dos negocios tan florecientes.

YA ME VEO DE MAYOR MONTADA EN EL...

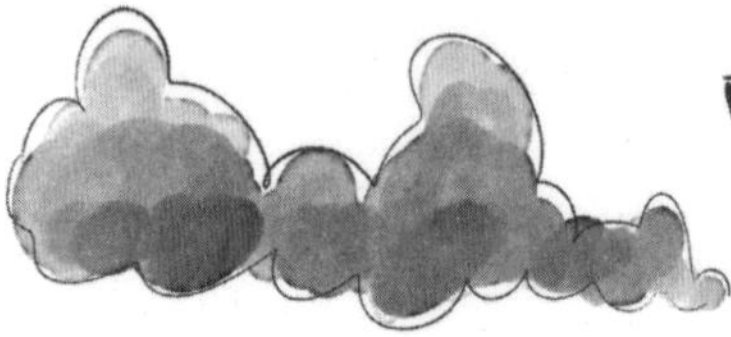

¡SOY UN LINCE!

Ya no sé si lo mío es la psicología o el mundo de los negocios.

¡Para que luego me diga «la Fraccionada» que no entiendo las fracciones!

¡La rabia que le va a dar cuando sea famosa y se lo recuerde!

Lo contaré en la tele:

—Sí, ya entonces sabía que lo mío era quedarme todo el pastel y no fraccionarlo.

MIS SUPERRECETAS

PARA CONSEGUIR EL ÉXITO EMPRESARIAL

1 Creértelo
(no es una cuestión de ir de sobrada, sino de mostrarte segura): si los demás te ven pisando fuerte, transmitirás confianza y te comprarán lo que les vendas.

2 Adelantarte
a los demás en poner algo de moda o en buscar un buen nicho de mercado.

3 No tirar la 

4 No ahogarte
en un vaso de agua.

5 Hacerles ver las **bondades** de lo que ofreces.

EN EL CASO DEL *JUST DANCE*:

Tener una figura diez.

Quemar las calorías de las bolsas de patatas y chuches.

Mejorar la coordinación y la memoria.

Perder la timidez.

Atraer a los chicos como la miel a las moscas.

Aumentar la confianza en ti misma.

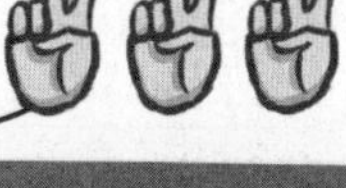

Estoy pensando en quitar esto de las ventajas.

AL PAVO PAVITO PAVO

Puntuación de las últimas recetas estrella de Marty:

¡¡¡CERO PATATERO!!!

Me quedé bocas cuando «Doña Trabajitos», después de mi fabuloso discurso, me soltó:

—No cabe duda de que tienes por delante una brillante carrera de actor.

Aun así, no me ha perdonado el trabajito.

Creo que Marty está perdiendo facultades, pero como a mí no me cobra...

Izan y yo estamos decididos a traer un pavo a clase.

¡Se va a enterar «Doña Trabajitos»!

¡A ver qué argumentos utiliza cuando le digamos que fue ella la que nos sugirió que dejáramos el pavo fuera de la clase!

¡Si no lo tenemos,
no lo podemos dejar!

Me ha venido a la cabeza una canción que siempre canta mi abuela:

Al pavo, pavito, pavo.
Al pavo, pavito, sí.
El pavero se ha marchado
y el pavito ya está aquí.

GLUGLÚ, GLUGLÚ, GLUGLÚ, GLUGLÚ...

¡Va a ser la bomba!

O esta otra:

Old MacDonald had a farm. E-i-e-i-oh!
And on his farm he had some turkeys. E-i-e-i-oh!
With a gobble, gobble here,
and a gobble, gobble there.
Here a gobble.
There a gobble.
Everywhere a gobble...
Old MacDonald had a farm.
E-i-e-i-oh!

¡Pues que me diga MacDonald dónde ha comprado sus pavos!

Uf. Adquirir un pavo vivo sin llamar la atención no está resultando nada fácil.

Las granjas de pavos están todas en las afueras.

Y para comprarlo por internet, tendría que usar...

¡la tarjeta de mi madre!

Pondría el grito en el cielo.

Y no te digo cuando viera al pavo cagando por toda la tarima nueva.

Tendría que comprarlo de camino al insti.

No me resultaría difícil burlar a mi hermana mayor.

Va siempre con los ojos pegados a la pantalla del móvil.

Ni se daría cuenta si me perdiera por el camino.

Cualquier día le doy el susto y finjo que me han raptado.

Pero la única tienda abierta a esas horas es la de los chinos y ...

¡no venden pavos!

Uf, no se me ocurre nada.

Tengo el cerebro más seco que una boca llena de polvorones.

Y el de Izan es un queso gruyer.

Dice que él no tiene modo de hacerse con un pavo vivo, que ya conozco a su madre.

¡¡¡Qué gracioso!!!

Ninguna madre te pone las cosas fáciles.

El tío se está escaqueando y dejándome a mí con todo el marrón del pavo.

Si tuviéramos aquí la fiesta de Día de Acción de Gracias...

Pero ya que mi madre no quiere que tengamos perro...

le he dado una lista de...

MASCOTAS ALTERNATIVAS

ESTA ES LA BUENA → **Pavo.** ← ¡ESTA!

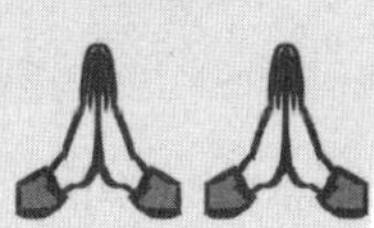

Cerdo vietnamita.

Iguana.

Conejo.

Hurón.

Chimpancé.

Loro.

Erizo.

Creo que, después de todo, voy a necesitar las recetas estrella de Marty.

RECETAS ESTRELLA DE MARTY

Tienes que visualizar el pavo como una realidad y no como un sueño imposible de lograr.

Hay que **sopesar** los riesgos que vas a correr.

Las decisiones no se deben tomar en **caliente**.

Pídele a tu abuela que te compre el pavo. Dile que es para un **nacimiento** viviente...

La venganza se sirve **fría**.

... que vas de pastor y te ha tocado ese animal.

Y que luego lo rifarán para sacar dinero para los pobres.

Que ya sabe ella cómo es su hija, o sea, tu madre: irá al instituto, montará un escándalo porque a ti te haya tocado llevar un pavo y además les soltará un discurso en defensa de los animales.

LA SEMANA
DE LAS PROFESIONES

¿Veis estos gráficos?

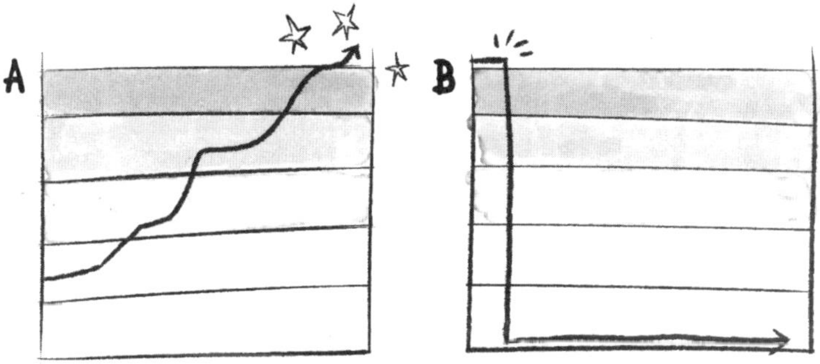

El primero indica hasta dónde ha llegado mi popularidad.

El segundo, hasta dónde bajará cuando mi madre venga al insti en la semana de las profesiones.

¡Es profesora de yoga!

¡No, no es guay!
¡No es nada guay!

Me la imagino con el culo en pompa, haciendo la postura del perro.

O la de la pinza.

O la Prasarita Padottanasana.

Ya estoy oyendo las risitas de mis compañeros.

Y el cachondeíto que me espera cuando les hable de la vida sana.

Empezará a venderles las bondades de las **hamburguesas de tofu**.

¡Puaj!

Y de los escalopes de seitán en salsa de manzana.

¡Puaj!, ¡Puaj!

(Mejor no quieras averiguar lo que es el seitán.)

Y de la sopa de algas.

¡Puaj!, ¡Puaj!, ¡Puaj!

Da la sensación de que te estás comiendo el océano Atlántico.

Y luego se pondrá a hablar del yin y del yang, dos energías opuestas que se complementan.

¡Como Hugo y yo!

¡¡¡NOOOO!!!

Es capaz de sacarlo a él para averiguar si es yin o yang.

(No hay cosa que le guste más.)

Y ahí se acabarán todas mis posibilidades de conquistarlo.

¿Quién quiere tener a una suegra tan friki?

RECETAS CONTRA
MADRES FRIKIS

Amordazarla si se le ocurre hablar con tus amigos.

Tenerla lo más **escondida** que puedas.

Evitar por todos los medios que vaya a buscarte al instituto.

Pedir a tu **abuela** que vaya a hacer la comida cuando invites a niñas a tu casa.

Evitar que tus amigos escuchen a tu madre diciendo:

¡OOOOOOMMM!
¡OOOOOOMMM!
¡OOOOOOMMM!

Celebrar tu cumpleaños en el parque de atracciones, o invitando a tus amigos al cine, o en un McDonald's.

¡Nunca en tu casa!

Te arruinará la fiesta con sándwiches de tofu, algas y frutos secos.

UN PAVO EN MI VIDA!

¡Menuda odisea, la del pavo!

Nunca pensé que fuera un animal tan grande.

Y tan feo.

¡Y que cagara tanto!

Lleva dos días en el trastero.

¡Puaj!

Huele que apesta.

Mi abuela se ha portado de cine.

Pero el pavo, de momento, está siendo un engorro.

Espero que merezca la pena su efecto sobre «Doña Trabajitos».

Estoy deseando verle la cara.

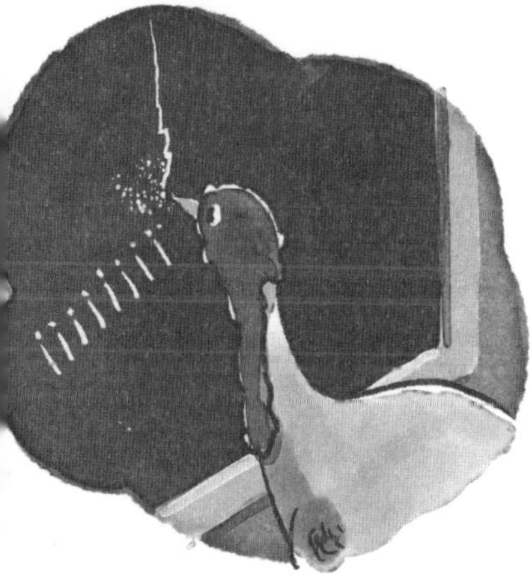

Sueño con
ese momento.

Por ahora estoy del pavo hasta las .

¡Las que he pasado para
llevarlo hasta el insti!

Uf. No le ha gustado nada ir atado con una cuerda.

¡Qué pavo más tozudo!

Cada vez que nos cruzábamos con gente se alborotaba.

Estos son algunos de los comentarios que he tenido que escuchar:

He agarrado el pavo y se lo he entregado a Izan.

—¡Hala, pavito, esta es tu nueva mascota! Picotéale la cabeza.

La presencia del pavo no ha pasado desapercibida para nuestros compañeros.

Por suerte, el pavo sí ha pasado desapercibido para la conserje gracias a la muralla humana que se ha formado en torno a Izan.

Esta es la cara que ha puesto «Doña Trabajitos» cuando ha visto el animal en clase. Idéntica a la del pavo; parecen hermanos gemelos.

—Tranquila, profe, que ya sé que el pavo tiene que quedarse fuera. Ahora lo saco —he dicho con el aplomo de un *sheriff*. 

Y esta ha sido su siguiente cara.

Por un momento he pensado que le saldrían culebras de la boca.

Ha tardado un buen rato en articular palabra.

Pero, de pronto, ha recuperado su cara habitual y ha dicho con toda su flema:

—Noé, definitivamente te falta el lóbulo frontal del cerebro. En fin, coge el pavo y vámonos a ver a la directora.

¡De esta no me salva ni un libro entero de recetas de Marty! 

PLATOS QUE LE SERVIRÍA A «DOÑA TRABAJITOS»

PAVO ASADO
CON SALSA DE CICUTA.

SESOS DE PAVO A LA VINAGRETA.

ALBÓNDIGAS DE PAVO EN SALMUERA.

MOLLEJAS DE PAVO
CON SALSA DE HIGADILLOS.

PECHUGAS DE PAVO
RELLENAS DE RATICIDA.

RECETAS ESTRELLA DE MARTY

De nada sirve lamentarse. A lo hecho, pecho.

Aguanta el chaparrón.

No hay chaparrón que dure cien días.

Convence a los adultos de que:

- Entendiste mal lo del pavo.
- La mente nos juega malas pasadas.
- Te lo tomaste al pie de la letra.
- De los errores se aprende.
- Nadie nace sabiendo.
- ¡Has aprendido una gran lección!

Consuélate pensando que:

- Hay que echarle un poco de sal a la vida.
- Tu hazaña permanecerá en la memoria de mucha gente.

LA CONTRADICCIÓN PERMANENTE

Mi madre no para de darme la chapa con que hay que ir con la verdad por delante.

—Dime la verdad, Puri. ¿Le has pegado a tu hermano?

—Sí, vale, le he pegado. Estaba insufrible...

¡ERROR GARRAFAL!

La verdad siempre lleva aparejada un castigo.

Y lo peor es que sus reglas solo son para ti.

¡¡¡Los mayores no predican con el ejemplo!!!

—Puri, no le digas a papá que hemos estado de compras.

—Vale, y tú no le digas que me han puesto un cuatro en Mates.

—¡Eso es chantaje!

—No, es un trato justo.

—Pero... ¿en qué clase de monstruo te estás convirtiendo?

—Oye, ¿y por qué le has dicho a la abuela que no íbamos a estar en casa?

—Vale, vale, no hace falta que me lo digas.

Y otro tanto de lo mismo ocurre con los profes.

—Puri, te han hecho este dibujo, tú no dibujas así. Di la verdad

—Bueno... Sí... Un poco... Me ha ayudado mi tío... (En verdad fue Marta, pero no quería chivarme y enmarronarla a ella. Bastante hacía con confesar que no lo había dibujado yo.)

—Pues ya sabes que tienes que compensar este cero con el próximo ejercicio haciéndolo TÚ SOLA.

¿ASÍ ME PAGAN POR DECIR LA VERDAD?

¡¡¡La sinceridad es una trampa mortal!!!

Y eso lo saben todos los de clase, por eso nadie responde a esta recurrente pregunta:

¿Quién ha sido?

Otra cosa sería que te dieran un premio cada vez que dijeras la verdad.

Eso sí sería un estímulo importante.

¡Resplandecería la verdad!

Pero... ¿para qué va a confesar el culpable si igualmente le va a caer un castigo y seguramente mayor?

¿Por solidaridad?

Aquí somos más del «¡Sálvese quien pueda!».

Y del refrán «Ande yo caliente, ríase la gente».

Pero también los profes recurren a las mentirijillas, no creáis.

MENTIRAS TÍPICAS DE LOS PROFES

* **La clase de hoy va a ser más corta.**
* **El examen es facilísimo, cualquiera puede sacar notable.**
* **Esto no va a entrar para el examen.**
* **Si hacéis siempre las tareas, tendréis un punto más en la nota.**
* **Sois el peor curso que ha pasado por aquí.**

* Nos llevaremos muy bien todo el año.
* La sintaxis os ayudará en vuestro día a día.
* El que no quiera atender, se puede ir.

¡¡¡Sí, al despacho de la directora!!!

* Yo no tengo favoritismos.
* Tenéis tiempo de sobra para completar todo el examen.
* Corregiré los exámenes el fin de semana.

¿Y te has dado cuenta de que los castigos no van en función de lo malo que hayas hecho, sino del grado de cabreo que tenga el adulto ese día?

—Puri, estás castigada una semana sin tele.

—Pero ¡mamá...! Ha sido Carlos quien empezó, pero como es tu favorito... ¡No hay derecho! ¡Vivo oprimida! ¡Me tenéis harta!

—Pues ahora, por respondona, estarás dos semanas.

—¿Qué pasa? ¿Me ves cara de coleccionar castigos?

—Y por maleducada, estarás un mes.

Me he mordido la  para no quedarme un año sin tele.

LISTADO DE CONTESTACIONES QUE ME ARDÍAN EN LA GARGANTA

Si estás rabiosa porque te ha cobrado una pasta el fontanero, no lo pagues conmigo.

¡Menudo abuso de poder!

¿Y quién castiga a los adultos injustos?

Me quejaré al defensor del menor.

No es normal que siempre me la cargue yo por todo y que mi hermano se vaya de rositas.

Cuando me vaya de casa, te darás cuenta de la injusticia que has cometido.

Y lo mismo con los profes.

1

—Para el examen del miércoles entrarán tres temas.
—¡Hala, profe, cómo te pasas; es muchísimo!
—¿Ah, sí? Entonces serán cuatro.

2

—El miércoles, examen de fracciones.
—¡Noooo, que el martes tenemos el de Sociales!
—De acuerdo, lo haremos mañana.
—Es broma, ¿no?
—¿Tengo cara de estar bromeando?

3

—Hoy vamos a hacer examen sorpresa.
—Pero ¡profe! ¿Qué mosca te ha picado?
—Tú ya empiezas con tres puntos menos por la falta de respeto.
—Quería decir que no lo pagues con nosotros.
—¡No quiero ver un solo libro en la mesa!

¡¡¡Esto se llama tiranía!!!

SUPERTRUCOS
PARA AGUANTAR INJUSTICIAS

Piensa que **no** siempre serás **niña**.

Cuando seas adulta te llegará la hora de **desquitarte**.

Anota cada una de las **contradicciones** o mentiras en las que pilles a los adultos, pero mide muy bien el momento de aprovecharte de ellas.

No olvides que tú siempre llevas las **de perder**.

La opresión y la injusticia te obligan a desarrollar **el ingenio** (el que no se consuela es porque no quiere).

¡MALDITO PAVO!

No sé por qué los estadounidenses celebran el Día de Acción de Gracias con un pavo, pero, gracias a él, a mí me ha caído la del pulpo.

LISTA DE CASTIGOS

1. Comer yo solo en una esquina como si fuera un apestado.
2. Ayudar a recoger y limpiar las mesas y la cocina después de comer en lugar de ir al recreo.
3. Hacer un trabajito. ¡Adivinad sobre qué!

4. Estar sin la Play y sin tele hasta que mi madre lo decida.
5. Llevar bocata de chóped de pavo hasta que me salga por las orejas.
6. Dar mi paga semanal a una sociedad protectora de animales.

Y, encima, me han dicho **¡¡¡que me olvide del móvil!!!**

¡¡¡Odio los !!!

Sin embargo, ninguno de los castigos es comparable al disgusto de mi abuela. Tengo sus palabras grabadas a en el .

¡Uf! ¡Me pesan como una losa!

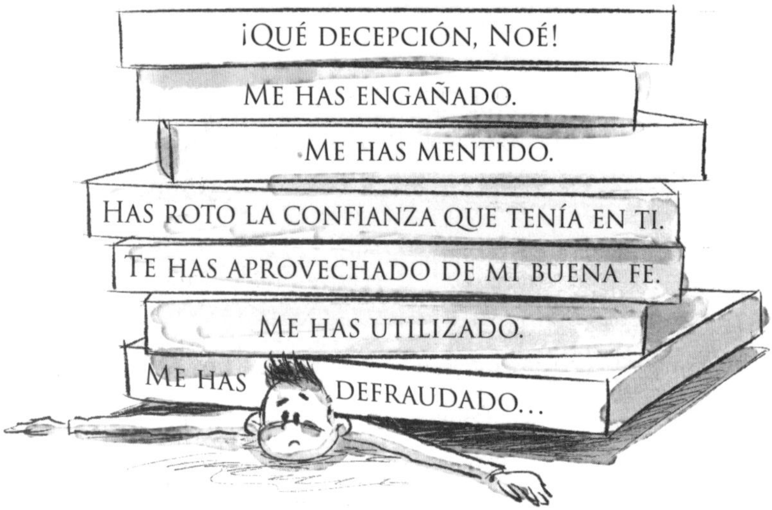

Buff. Algunas palabras llevan plomo dentro.

Hubiera preferido mil castigos.

No sé cómo voy a recuperar la confianza de mi abuela.

Su silencio es peor que un dolor de muelas.

(Y que conste que lo he sufrido.)

Creo que no basta con pedirle perdón.

A ver qué se le ocurre a Marty

RECETAS DE MARTY

PARA RECUPERAR LA CONFIANZA

Recuérdale a tu abuela el refrán: «Santa Rita, Rita, lo que se da no se quita».

Dile que tus ansias por tener el pavo te cegaron y te impidieron ver que la estabas traicionando.

Cómprale un y declárale tu .

Ve al campo a coger las .

Estamos en .

Pues haz las flores con papel de seda.

Dile a tu abuela lo mal que te sientes y pregúntale cómo puedes recuperar su confianza.

EL TRIUNFO DE MI MADRE

Me he equivocado al subestimar a mi madre.

Tiene dos caras:

ESTA ES PARA SU HIJA, QUE SOY YO:  Y ESTA PARA EL RESTO DE LA HUMANIDAD: 

Según mis compañeros, ha sido la mejor madre en el día de las profesiones.

Se han creído que era Yoda. 

* **Les ha vendido el yoga como un superpoder que te permite tener el control sobre tu vida.**

¡Oooooohm!

* **Los ha retado con posturas imposibles.**

¡Ooooooooohm!

* Les ha hecho una demostración de su poder tranquilizador.

¡Ooooooooooooooooohm!

* Los ha engatusado con los efectos beneficiosos de cada postura.

¡Ooooooooooooooooooooooooohm!

* Y por último, se los ha camelado llevándoles la única receta comestible de su cocina macrobiótica: **el bizcocho de zanahoria y naranja.**

¡¡¡OOOOOOOOOOOOOOOOOOOOOOOOOHM!!!

Encima, ha sido justo antes del recreo de media mañana, y a esa hora triunfa cualquier cosa medianamente comestible.

¡Se han puesto fanegas!

Y yo aguantando sus alabanzas con cara de póker.

La subida de mi madre a los altares ha traído consigo mi caída a los infiernos.

Belén y Lidia han decidido abandonar el club de *Just Dance* y montar por su cuenta uno de yoga.

¡Como que son dos  bailando!

Y Helena con hache se ha desapuntado también para seguirlas.

Como que es una .

Creo que no le ha hecho ninguna gracia que me acercara a Hugo.

Y eso que no sabe que le mando mensajitos anónimos.

Está acostumbrada a que todos le vayan detrás y ha arrastrado consigo a toda su corte.

Incluso un buen puñado de niños se han apuntado a yoga.

¡¡¡AAAAAAAAAGH!!!

RECETAS DE MARTY

PARA MARTY

(Me siento como la señorita Inge autocomprándose un ramo de flores)

¡¡¡Fuera la autocompasión!!!
¡¡¡Marty al ataque!!!

Canalizar la rabia hacia la culpable de mi situación: **¡mi madre!**

Preparar un discurso **incendiario**.

Hacer que se sienta **tan mal** como yo por hundirme la vida.

Dar de lado a todas las pavas que me han **abandonado**. Demostrarles que no las necesito.

¡SOY SUPERMARTYYYY!

SOY PAVO

El pavo me ha dado una gran popularidad entre los compañeros.

Hasta vienen a felicitarme de otras clases. 

—¿Tú eres el del pavo?

—¡Qué *crack*, chaval! 

—¡Eres mi héroe!

Este tipo de halagos siempre te suben la moral. 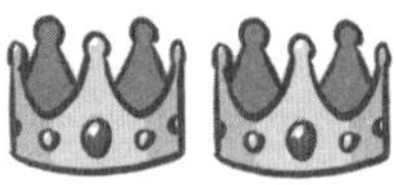

Lo malo es que ya no soy Noé, sino «el del pavo».

ME SIENTO UN TORTELLINI

(El Pavo es la marca de pasta
que compra mi padre).

Y a mis amigos les ha faltado tiempo
para rebautizarme como...

¡¡¡Pavo!!!

Les flipan los apodos.

Si me había librado de ellos era gracias a que tengo un nombre corto y único, pero ya formo parte de la inenarrable lista de nombres chungos:

Gargantita
Orgullo
Flipao
Tiburón
Ballenato
Bombonicito
Mortadelo...

Y ni se te ocurra convencerlos de que no te llamen por el nombrecito con el que te han bautizado.

Te caerían todo tipo de burlas y humillaciones junto con el apodo en cuestión.

Se lo tomarían como una ofensa personal.

Así funcionan aquí la cosas.

Se trata de que se metan con otro para evitar que lo hagan contigo.

¡Llueven las perlitas!

Pero hay que... .

Si lo llevas mal, estás... .

Te conviertes en blanco de burlas.

Y te las dan por todos lados.

Como le ocurre a Bomboncito.

Es un delicadito y tiene cero sentido del humor.

Por eso mola tanto meterse con él.

Aun así, esa popularidad es inversamente proporcional a la que tengo con los profes y en casa.

Para ellos soy...

¡El niño invisible!

Ni me dirigen la palabra.

¡¡¡Me siento como un apestado!!!

Al principio trataba de complacer a todo el mundo para compensar mi travesura.

—Papá, ¿te acompaño al supermercado?

—Mamá, ¿quieres que baje a ver si ha llegado el periódico?

—Profe, ¿te borro la pizarra?, ¿voy a por el parte?, ¿quieres que vaya yo a secretaría?

Pero, en vista de que todos me ignoran, he desistido.

Tengo la moral por debajo de cero.

Vale, sé que he actuado mal.

Sé que me merezco todos los castigos que me han puesto.

Pero ¡se están cebando!

No hace falta que me lo recuerden a cada momento.

—Mamá, papá, ya sé que he hecho mal, pero...

—Para que no se te olvide, Noé, que tienes una memoria muy frágil.

¿¿¿Frágil, mi memoria???

¿Quién se pasa el día buscando sus GAFAS por toda la casa?

¿A quién se le han QUEMADO los canelones que ha puesto a gratinar o se le han pegado las lentejas en más de una ocasión?

¿Quién se olvida de comprarme lo que necesito para TECNOLOGÍA?

¿A quién le tengo que recordar constantemente que tengo un CUMPLEAÑOS?

¿Quién se olvida de que había quedado para cenar y tiene que arreglarse A TODA PRISA?
¿A quién se le olvida bastante a menudo desenchufar la PLANCHA?
¿Quién ha metido más de una vez ROPA DE COLOR con la blanca?
¿A quién se le olvida venir a RECOGERME después de un partido de fútbol?
¿A quién se le olvida que venía la ABUELA a comer?
DENTISTA
SÉ QUE VENDRÁ.
¿A quién se le olvida su cita con el DENTISTA?
¿A quién se le olvida comprar EL PAN cuando hay invitados?

CONSEJOS
DE NOÉ A MARTY

(sí, has leído bien)

¡¡¡primera vez en la historia que yo le he dado consejos a Marty!!!

Quiere recuperar la popularidad que ha perdido juntándose con los chicos para demostrarles a las chicas que no las necesita.

LISTADO DE CONSEJOS

- Jugar bien al FÚTBOL.
- Demostrar que puede ganar PELEAS.
- Convertirse en experta en diferenciar tipos de PEDOS.
- Aprender a tirarse ERUCTOS currados, como recitar el abecedario completo.
- Atreverse con cualquier RETO.

Esta es la cara que se le ha quedado.

SUDANDO LA GOTA GORDA

UF.

¿EN QUÉ ESTARÍA PENSANDO DIOS CUANDO CREÓ A ADÁN?

¡En fin, todo sea por darles en los morros a mis compañeras y poder recuperar la popularidad que tenía!

El que está encantado de que me haya pasado de bando es...

¡¡¡mi hermano!!!

—¿Jugamos al fútbol?

—¡Vaaale!

—¡¡¡Gooooooool!!!

¡UPS!

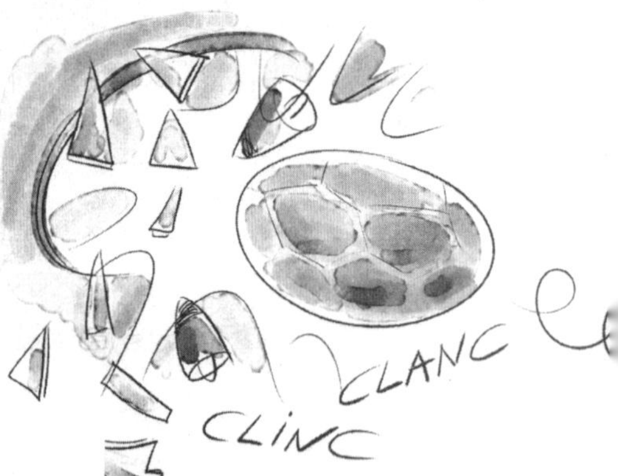

—¿Quién ha roto el aplique?

Este es mi padre superenfadado.

—¡Parece mentira, Puri! ¿No os he dicho que en casa está totalmente prohibido jugar al fútbol?

—Ni que jugara yo sola.

—Pero tú eres la mayor; deberías tener más cabeza.

¿Acaso tengo yo la culpa de haber nacido LA PRIMERA?

—Vamos a mi cuarto y me enseñas llaves de judo —le propongo a mi hermano.

—¡¡¡Vaaaale!!!

Esta es su cara de felicidad.

Nunca se ha visto en otra igual.

Besa el suelo por donde piso.

Aunque es un fanfarrón.

Se las da de duro.

Pero cada vez que lo tiro al suelo **GRITA** como si lo estuvieran matando.

También llora exageradamente cuando le ponen una vacuna.

Es más blando que la mantequilla.

—**¡CHIST!** ¿Quieres que vengan papá o mamá?

Al final ha venido papá.

—Pero ¡Puri! ¿Qué le estás haciendo a tu hermano? ¿No tienes mejor cosa que hacer que chincharlo?

—Le estoy enseñando llaves de judo —salta mi hermano.

Esta es la cara que se nos ha quedado a mi padre y a mí.

Es la primera vez que no se hace la víctima.

En lo que sí es un auténtico *crack* mi hermanito es tirándose **ERUCTOS**.

Parece mentira que de esa lombricilla pueda salir semejante trueno.

Cualquier día de estos vuela el .

¡Menuda potencia!

No es un sonido humano.

Es parecido al rugido de un .

Creo que los chicos ya vienen con el ADN preparado para tirarse eructos, porque a mí no me salen ni bebiendo refrescos con gas.

—Tienes que abrir la boca justo cuando tragas el gas —me aconseja.

—Ya la abro, pero no sale nada. 

—Estás defectuosa.

¿Soy yo la defectuosa?

Y el tío lo dice completamente convencido.

¡Qué valor!

Esa es otra de las cosas que admiro de los chicos: su complejo de superioridad.

¿Por qué las chicas no hacemos más que machacarnos y comernos el tarro por cualquier cosa?

¡Y por no hablar de los pedos!

Los científicos deberían estudiar cómo puede salir semejante peste de un miniculete.

¡Ni una bomba fétida!
¡¡¡PUAJJJJJ!!!

Voy a vomitar.

Y encima el tío pretende tirárselos dentro de mi cama y que me meta debajo de las sábanas para olerlo.

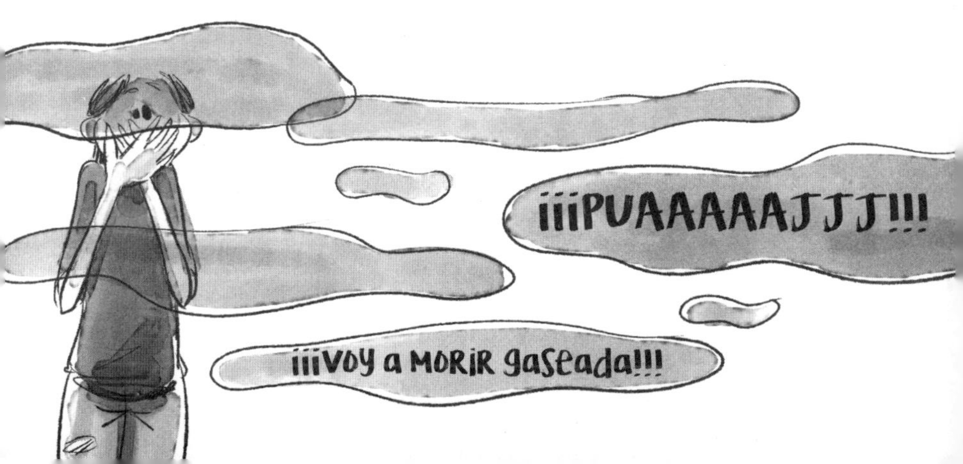

¡Y lo que sabe el tío de pedos!

¡Menuda clase teórica me ha dado!

CLASIFICACIÓN DE PEDOS DE MI HERMANO

El pedo bomba (creo que no hace falta aclarar el nombre).

El pedo silencioso, que mata con el olor.

El pedo pintor, que deja regalito.

El pedo metralleta, imposible renegar de él.

El pedo zapatero: se te escapa al atarte los...

El pedo humorístico: sale impulsado con la...

El pedo a presión: no te da tiempo a llegar al...

El pedo acuático, que es simpático: no huele, nadie lo nota y, al salir, hace... CUA CUA CUA.

El pedo trompeteril: intentas que no salga y acaba sonando a...

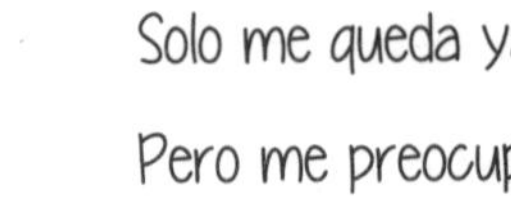

El pedo huérfano: del que nadie se hace responsable.

El pedo-tos: intentas camuflarlo tosiendo pero no cuela.

Como veis, gracias a mi hermano, la teoría la tengo dominada.

Solo me queda ya aprobar el examen práctico.

Pero me preocupa una cosa.

¿Llegaré a ser como ellos?

RECETAS ESTRELLA
DE MARTY

Cuando estés abrumada por los numerosos **complejos** que nos aquejan a las chicas, piensa que la alternativa es convertirte en...

Si quieres imitar a los chicos, solo tienes que **retroceder varios puestos** en la escala evolutiva.

Lo de que la mujer ha salido de una costilla del hombre es un MITO que se han inventado los hombres para **disimular** que ellos proceden directamente del JABALÍ.

Los chicos utilizan la fuerza bruta para disimular su falta de recursos **lingüísticos**.

FIN DE LA TRAVESÍA DEL DESIERTO

¡AL fin he dejado de ser invisible!

Uf. Ha sido como hacer una travesía por el desierto.

Es terrible que te ignoren.

¡Con deciros que hasta he echado de menos las broncas!

Me veía en Navidad cenando yo solo...

¡¡¡eL pavo!!!

¡NOOOOOO!

No quiero volver a ver un pavo en lo que me queda de vida.

Espero que cocinen besugo o cochinillo.

Pero el mejor regalo ha sido...

¡¡¡EL PERDÓN DE MI ABUELA!!!

Me siento tan feliz que rozo las .

¡Qué ligero estoy sin esa carga!

Era como llevar una pila de encima.

Con mis amigos me hacía el duro.
(Tengo que mantener mi reputación.)

Pero por dentro...

¡SOY UN SENTIMENTAL!

¡Menos mal que voy a poder disfrutar a tope de la Navidad!

En nuestra clase ya hemos decidido la función para el concurso de clases.

Verás cuando le diga a mi madre que voy de .

¡HO!, ¡HO!, ¡HO!

Ha sido idea del «Lamelibranquio», que ya ha vuelto.

Nunca pensé que lo iba a echar tanto de menos.

Pero entre él y «Doña Trabajitos» no hay color.

Ella fue la culpable del pavo.

¡¡¡BYE, BYE!!!
¡GLUGLÚ, GLUGLÚ, GLUGLÚ!

«El Lamelibranquio» ha venido con ideas revolucionarias.

Ha dicho que ya estaba harto del belén y de los , que había que innovar.

Y que además resultaría raro ver a Melchor, Gaspar y Baltasar hablando en inglés.

Así que ha preferido a... .

Hemos tenido que inventarnos una comedia con él.

¡Y adivinad cuál ha ganado!...

¡¡¡LA MÍA!!!

Así que voy a ser también el director. Estoy como un... .

¡SOCORRO, ME PERSIGUEN LOS PAVOS!

ARGUMENTO DE MI OBRA

Santa Claus se ha pasado con los dulces y está hecho un gordakas.

Los renos (los chicos) se niegan a llevarlo si no adelgaza.

Pero los dulces (las chicas) lo persiguen tentándolo.

Así que los renos tienen que esconder los dulces.

Va a ser un musical.

¡Seguro que ganamos!

Y yo me llevaré un Oscar por haberlo ideado.

De momento han surgido algunas quejas de las chicas:

—¿Por qué el papel de tentación lo hacen siempre las mujeres?

—¿Y por qué tenemos que ir asociadas a una imagen dulce, empalagosa...?

Por un segundo me he visto llevando mallas rosas o verde fosforito.

—¿Preferís llevar cuernos? —les he soltado.

¡La que se ha armado!

«El Lamelibranquio» ha dicho que no había inconveniente en el cambio.

Entonces se han echado atrás.

Han comprendido que el disfraz de caramelos les iba a sentar mejor.

El caso es protestar.

ESTE ES MI AUTOTEST
PARA VER CÓMO ESTÁS DE MORAL

	SÍ	NO
1. ¿Sientes que la vida te sonríe?	☐	☐
2. ¿Sientes que tienes el mundo a tus pies?	☐	☐
3. ¿Te sientes capaz de cualquier cosa?	☐	☐
4. ¿Has descubierto un talento oculto que tenías?	☐	☐
5. ¿Sientes que las chicas se fijan en ti?	☐	☐
6. ¿Sientes que tus amigos te miran con admiración?	☐	☐
7. ¿Estás a un paso de convertirte en un héroe?	☐	☐
8. ¿Vas pisando fuerte?	☐	☐
9. ¿Ves el cielo más azul de lo normal?	☐	☐
10. ¿Estás que te sales?	☐	☐

De 1 a 4: estás un poco flojo.

De 5 a 7: estás bien.

De 8 a 10: estás a tope.

Secreto confesable: **hoy estoy en el máximo.**

Aun así, me vendrán bien los consejos de mi amiga.

RECETAS ESTRELLA DE MARTY para capear temporales

Piensa que todos los **genios** son unos incomprendidos.

El mundo está lleno de **envidiosos**.

Nadie es **profeta** en su tierra.

Hazles creer que su papel es el más **importante** de la obra.

Haz un ***casting*** para elegir a Papá Noel aunque sepas que el papel es para Ballenato.

Escucha a todo el mundo y luego haz lo que te dé la gana.

¡Qué tía!

No cabe duda de que lo suyo es la psicología.

MI MADRE ES IMPOSIBLE

Este es el grito de mi madre cuando le he dicho que la función era de .

—¡Qué manía con las modas extranjeras! Donde estén Melchor, Gaspar y Baltasar, que se quite ese barrigudo con pinta de abuelito amable. Los tres magos atravesaron el desierto para ir a ver al niño Dios, pero ¿cuál es el mérito de Santa Claus?

—La obra es en inglés, mamá. ¿Te imaginas a los tres Reyes hablando en inglés?

—Naturalmente que sí. Eran personas cultas y viajeras. Seguro que eran **políglotas**.

—Que yo sepa, nunca pasaron por Inglaterra. Y todavía no se había descubierto el Nuevo Mundo.

—Pues más a mi favor. Los tres Magos de Oriente le sacan una ventaja de siglos. Por no hablar de la majestuosidad que tienen: con sus capas de armiño, sus coronas de oro y piedras preciosas, sus pajes, sus camellos…

Creo que Santa Claus practica yoga.

—Y por si te tranquiliza, va a ser una comedia. Ha sido idea de Noé.

—¿El del pavo?

—Sí. Su idea mola: Papá Noel se ha puesto obeso por comer tanto dulce y los renos se niegan a llevarlo.

Se le ha iluminado la cara.

¡Cómo la conozco!

—Pues haber empezado por ahí. Me parece estupendo coincidir con Alberto. Los dulces son un auténtico veneno para el organismo.

¡Qué raro se me hace que llamen así al «Lamelibranquio»!

Es como si hablaran de otra persona.

—No ha sido idea del «Lamelibranquio», sino de Noé.

—Pero ha sido él quien la ha elegido, ¿no?

Paso de seguir discutiendo con mi madre. Como veis, navega según sopla el viento. Y yo tengo mejores cosas que hacer.

Estoy diseñando los disfraces que llevaremos.

Y montando una COREOGRAFÍA.

A ver si recupero a mis adeptas.

Dudo entre la salsa o el reguetón.

Pero mi hermano no me deja pensar; es un plasta.

Desde que le he dado alas, lo tengo todo el día pegado como una lapa.

Me echa en cara que tengo abandonados el judo y los eructos.

Y para demostrar su maestría suelta uno que hace temblar el Spotify.

Luego se pone a imitar mi baile.

Uf. No acabo de dar con una córeo que me convenza.

Me pongo a ver vídeos de Abraham Mateo.

¡Me flipa cómo baila!

¡Y cómo canta!

¡ES MI ÍDOLO!

Mis compañeras me hacen el vacío y pasan de mi córeo.

WASAPS QUE ME HAN ENVIADO

Psams de tu coreo

T lo tnes muy creído

Ya tnmos la coreo d Helena

¿Xo t no vas a acer de rno?

Como stas smpre cn ls xcos…

Ls traidors tnen su cstigo

Ers mchu pichu jajaja

Encima me entero por Noé de que van diciendo por ahí que yo soy una fresca. Que les doy besos de y con a los chicos.

¡¡¡PUajjj!!!

¡SON UNAS ENVIDIOSAS!

Pero eso significa que mi táctica está funcionando.

O eso quiero pensar…

Si me falla, me quedaré más sola que un náufrago.

TERMÓMETRO DE POPULARIDAD

0,00

¡¡¡Necesito desesperadamente mis recetas estrella!!!

RECETAS
PARA AGUANTAR EL TIRÓN

No hay conquista sin **dificultades.**

Lo fácil termina aburriendo.

Mejor ser envidiada que ser **ignorada.**

A palabras necias, oídos **sordos.**

El que la sigue **la consigue.**

¡¡¡DIMITO!!!

¡Qué chungo es ser DIRECTOR!

Ahora entiendo por qué los directores ganan más.

Tienes que contentar a todo el mundo.

Pero nadie está contento; todos protestan.

Y todos quieren opinar.

Y hacer lo que les da la gana.

«El Lamelibranquio» me ha dicho que tengo que imponerme.

Que la **ÚLTIMA PALABRA** <u>es mía.</u>

Creo que no sirvo para mandar.

Soy demasiado blando.

Marty ha acudido en mi ayuda
y los ha puesto FIRMES.

En vista de ello, la he nombrado...

¡DIRECTORA DE *CASTING*!

Ella asignará los papeles a cada uno y el texto que les corresponde.

También la he nombrado...

¡DIRECTORA DE PRODUCCIÓN!

Para que lidie con los que hacen los decorados.

Y...

¡COREÓGRAFA!

Se le dan genial las coreografías.

Y...

¡AYUDANTE DE DIRECCIÓN!

Para que me ayude a mí.

¡Es importante saber delegar! 

Las chicas me han acusado de AMIGUISMO.

Otras se han puesto a decir que me gustaba Marty.

Pero ella los ha vuelto a callar.

Me ha dejado impresionado.

¡VAYA DOTES DE MANDO TIENE LA TÍA!

Ya nadie rechista.

Pero las chicas se la tienen jurada.

No pueden disimular su rencor.

Les va a faltar tiempo para jugársela.

En cambio, los chicos están encantados.

Les hace creer a cada uno que es el mejor.

Que su papel es imprescindible.

Que de ahí a Hollywood no hay más que un paso.

Aunque solo tengan una mísera frase que decir.

Además, los reta continuamente.

¡Qué rápido ha asimilado mis consejos!

Pero no sé yo si así va a recuperar su popularidad con las chicas.

¡LO TIENE CRUDO!

RECETAS DE MARTY
PARA NO DEJARTE COMER

Si no te **impones,** te comen por los pies.

Cuando estás en lo más alto, tienes que asumir el síndrome de la soledad.

Aunque estés temblando por dentro, mantente **firme.**

Nunca llueve a gusto de todos.

Si quieres ser respetado, remángate como los demás.

Quien bien te quiere te hará llorar.

YO, MI, ME, CONMIGO

¡Qué genial es Noé!

Gracias a él tengo la oportunidad de que voten mi córeo.

La de Helena con hache no puede ser más sosa.

¡Igual que ella!

Y como yo soy la coreógrafa...

Pero no quiero que me tachen de dictadora ni de ejercer el

NEPOTISMO.

¡Las he dejado bocas con la palabrita!

(Se la oí a mi padre.)

—¿Y eso qué es? —ha preguntado Belén.

—Aprovecharte de tu poder e influencia para favorecer a familiares o, en este caso, a mí misma.

Así que he nombrado un tribunal para elegir la córeo:

- **«El Lamelibranquio».**
- **Noé.**
- **El profe de gimnasia.**
- **Y *myself*.**

¡¡¡Toma ya!!!

Se han tenido que morder la 👅.

Helena con hache ha sugerido que debería estar la señorita Inge.

¡Como que es su megaenchufada!

Siempre la elige para el papel protagonista.

(No por ser la que mejor baila, sino por rubia y de ojos azules.)

Uf.
¡Menos mal que nadie ha apoyado su propuesta!

Carlota ha sido la primera que ha saltado en contra.

Y todas han estado de acuerdo en vetarla.

Ya solo tengo que conseguir que algunas ensayen mi córeo para que luzca más.

A Carlota la tengo casi camelada.

El problema es que tiene miedo de la reacción de Helena con hachc.

No quiere dejar de pertenecer a su exclusivo club.

Así que he tenido que recurrir a...

¡¡¡TÁCTICAS MAFIOSAS!!!

Le he recordado...

lo mal que se siente cuando la señorita Inge elige a Helena en vez de a ella;

nuestras sesiones en el diván para superar su frustración;

lo mucho que se chulea Helena cuando la eligen protagonista...

Como no la veía muy convencida, he optado por hacerle la pelota.

Le he asegurado:

QUE ERA LA MEJOR;

QUE ELLA ME HABÍA INSPIRADO LA CÓREO;

QUE SIN ELLA LA CÓREO NO TENÍA SENTIDO;

QUE LA LANZARÍA AL ESTRELLATO ENVIANDO EL VÍDEO A DISNEY CHANNEL...

BOING, BOING, BOING.

Pero como no acababa de decidirse, he recurrido a...

¡¡¡COMPRARLA!!!

¡Le he ofrecido el papel protagonista!

Uf. ¡Como tenga que hacer esto con todas...!

Traería a los políticos a mi instituto a hacer prácticas de negociación.

Ya verás qué rápido se ponen de acuerdo para gobernar.

RECETAS ESTRELLA
PARA LOGRAR TUS PROPÓSITOS

No tengas remordimientos por utilizar las mismas tácticas que tu rival.

La unión hace la fuerza, así que trata de **desunir**.

A eso se le llama inteligencia emocional.

Conoce los puntos débiles de tus rivales (Helena).

Empieza por ganarte a la que tienes más posibilidades de convencer (Carlota).

Si no puedes con tu enemigo, **únete a él**.

EL DISFRAZ DE RENO

Todos los días le recuerdo a mi madre que tengo que ir de reno.

—¿Y por qué no vas de Bob Esponja?

—Pero ¡mamá! ¿Qué pinta Bob Esponja en Laponia? Además, te recuerdo que ese disfraz me lo compraste cuando tenía cinco años.

—Seguro que todavía te vale. 

—¡Que tengo más del doble de edad!

—Algún apaño podremos hacer. 

—¿Aún no te has enterado de que es una función de Navidad?

—¿Acaso no eres el director? Seguro que puedes encontrar un papel para Bob Esponja.

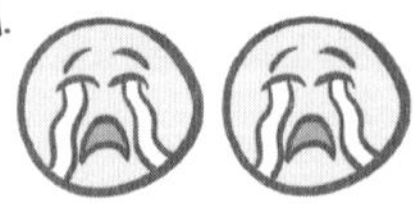

—Todos los chicos somos renos, mamá.

—¿Lo ves? Más a mi favor. Hay que introducir un elemento de color, echarle un poco de imaginación...

—Todos los padres van a hacer los disfraces de sus hijos.

—¿Se trata de que trabajemos nosotros o vosotros?

—¿Pretendes que me haga yo el disfraz?

—¿Lo venden en el chino?

—No, ya he mirado.

—¡A quién se le ocurre ir de reno!

—No me creo que me lo estés echando en cara en lugar de alegrarte de que hayan elegido mi obra.

—Tenías que haber pensado en lo difícil que sería ese disfraz.

—¿Y de qué querías que fuéramos?

—De . En el chino tienes todos los que quieras.

—Papá Noel solo hay uno y es Ballenato.

—Podían haberlo clonado. Esa historia hubiera estado bien.

—¡Mamá, eres desesperante! ¿No puedes ser una madre normal?

Paso de convencerla.

Tengo que buscarme la vida si no quiero que me ocurra como a mi hermana.

En una función le tocó ir de leñador.

Y mi madre la hizo ir de...

¡¡¡PRINCESA!!!

¡Teníais que verla!

Con una peluca rubia enmarcándole la cara morena con churretes.

Asomando mechones de pelo negro.

Llena de tules rosas y con el hacha al hombro entre los leñadores.

¡La gente lo flipó!

Pero a mi madre le dio igual.

Le acababa de comprar el disfraz y quiso amortizarlo.

¡Menuda vergüenza pasó mi hermana!

Todavía no se lo ha perdonado.

Y en cuanto puede, le restriega el trauma que le causó.

Por eso debería ser más solidaria y ayudarme con la papeleta.

Pero ¡la tía pasa de mí!

En vista de ello, he buscado inspiración en internet.

Seguro que puedo apañar algo con el armario de mi hermana.

En cuanto ha salido, he aprovechado para fisgar.

¡Yujuuuuu!

¡He encontrado unas mallas marrones y un jersey también de ese color!

Haré un círculo de cartulina beis para la tripa.

¡Ya solo me falta la cornamenta!

Preguntaré a mis compis cómo se la han hecho.

Aunque tendré que aguantar sus bromitas.

¡MENUDO CACHONDEÍTO HAY CON EL TEMA!

Mi hermana enseguida ha echado en falta las dos prendas que le he cogido.

¡Vaya control, macho!

A mí me cogen algo y ni me entero.

RECETAS DE MARTY

PARA EVITAR TRAUMAS DE INFANCIA

Piensa que las madres sobreprotectoras impiden el desarrollo autónomo de sus hijos.

Tendrás anécdotas que contar cuando seas director en Hollywood.

Una madre pasota te curte de por vida.

Las mejores ideas han surgido de momentos de desesperación.

¡LA MARIMORENA!

Ahora entiendo a los políticos cuando van con pies de plomo.

Al final, Helena con hache se ha enterado de mis intenciones.

Por culpa de Carlota.

Es una pava, no sabe callarse.

Y Helena es experta en aplicar el tercer grado.

¡Se ha puesto como una energúmena!

Y ha venido directa a por mí.

Me ha acusado de **¡MANIPULADORA!**

¡CON TODO EL MORRO!

¡Ella, la manipuladora *number one*!

—Tengo todo el derecho del mundo a montar una coreografía. ¡Estamos en un mercado libre! —le he soltado.

—Pero no a robarme a mis chicas.

—No sabía que las personas fueran propiedad privada.

—Formaban parte de mi coreografía.

—Pues ahora las compartimos.

—¡Ni de coña!

Si ponía a Carlota en la posición de elegir, estaba... .

—Veo que tienes miedo de que mi córeo sea mejor que la tuya.

—¡Para nada!

—Entonces, ¿qué problema hay?

—Que eso es jugar sucio.

—¿Y lo dices tú que te llevaste a mis alumnas de *Just Dance* al club de yoga?

—No es lo mismo.

—Claro que no; yo te estoy dando la oportunidad de compartir las bailarinas y competir limpiamente.

He conseguido que «el Lamelibranquio» votara a favor de mi propuesta.

Lo siguiente ha sido reiniciar las sesiones de terapia con Carlota. Tiene perfil de sufridora.

Hace una MONTAÑA de un grano.
Y cualquier cosita le sirve para sufrir a tope.

PRIMER *ROUND*
con Carlota vía *wasap*

Marty
Frmar prte d 2 coreos es 1 oprtnidad fbulosa xa tu crrera d bailrina

Carlota
😖😖😖

Marty
La srta Inge vra tus prgrsos y te elgirá xa la fncion

Carlota
😖😖😖

Marty
💪. Solo tnes que pner el alma, dar lo mjor de ti

Carlota
Xo Helena ma dixo k baile mal tu coreo

Marty
😠😠😠

Carlota
No le dgas nda, xfa

Marty
Srá 1 scrto entre tú y yo
el día d la prueba lo hces bien y listo

Carlota
Xo si bailo ok, m la crgo =

Marty
Entncs ya no pdrá hcer nda

Carlota
Vaya si puede!

EN ESO TENÍA RAZÓN.

Tenía que cambiar de táctica, averiguar por qué se encogía a la mínima y convertirla en una niña fuerte.

Pero eso...

¡me podía llevar todo el curso!

SOLUCIONES EXPRÉS

Llamar a: a) La mafia groenlandesa.
b) El teléfono de la esperanza.
c) La ONG "Save the Carlotas".
d) Mi pizzería favorita.

SEGUNDO *ROUND*

con Carlota vía *wasap*

Marty
Si djas k alguien t aplste, lo hara smpre

Carlota

Marty
Tnes k hcrte fuerte o vivirás smpre asustda

Carlota

Marty
Tu no eres una sclava sino una slo tienes que crertelo

Carlota

Uf. Creo que es más difícil romper unas cadenas psicológicas que unas físicas.

No sé cuántos *rounds* me llevará hacerlo.

Me pregunto si ser timorata viene en el ADN de las personas.

O es consecuencia de unos padres gritones...

O si hay un perfil avestruz

O de venir después de tres chicos.

Pero ¡¡¡no me voy a dar por vencida!!!

El que la sigue la consigueeeeeee.

¡OLÉ, OLÉ, OLÉ!

CÓMO TE PUEDEN AGUAR TU DÍA DE GLORIA

ESTOY NERVIOSO.

Tengo muchos motivos.

Hoy es el día de la función.

Si sale bien...

Pero si sale mal...

Todo el mundo me está agobiando con problemillas de última hora.

—¿Y mi barriga?

—Ballenato, la llevas puesta —le pica Orgullo.

—Me refiero a la de gomaespuma.

—No te preocupes, con estas chichillas te basta y te sobra.

—¿Quién ha cogido mi cornamenta? —grita Mortadelo.

—Si quieres, te pongo yo los cuernos —se ofrece Lidia.

Le reenvío todas las quejas a Marty.

Y yo hago una de...

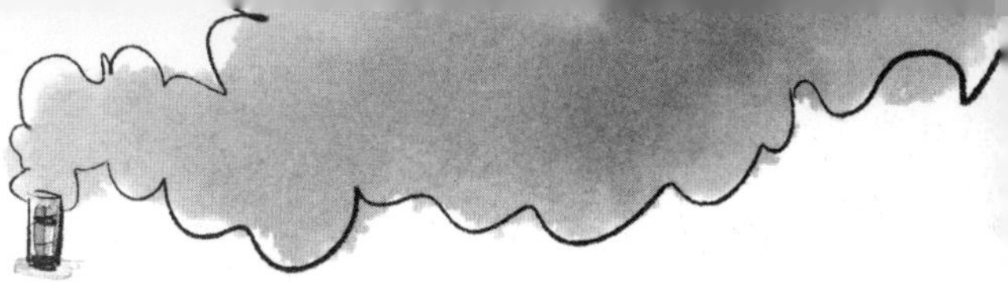

Necesito un poco de concentración.

Quiero repasar el papel.

Y todavía tengo que vestirme.

Pero voy a esperar hasta el último momento para que no me vea mi hermana.

Sé que reconocerá sus mallas y su jersey de inmediato.

Lo tiene todo fichado.

Le abres el armario y la tía ya lo nota.

¡MENUDO CONTROL!

Glup. Es capaz de subir al escenario y arrancarme el disfraz de cuajo.

—¿Qué haces que aún no te has cambiado? —me reprocha «el Lamelibranquio».

Me voy al vestuario, me quito los pantalones y...

¡¡¡HAN DESAPARECIDO LAS MALLAS!!!

Lo primero en lo que he pensado ha sido en mi hermana.

Pero el jersey estaba ahí.

No podía haber sido ella.

—¡En dos minutos se abre el telón: todos a sus puestos!

¡Y yo en calzoncillos!

Entonces veo una medias marrones medio transparentes...

y comprendo la jugada.

¡Alguien me ha robado las mallas!

¡Socorro! Esto es el «Sálvese quien pueda».

¡Otra madre como la mía!

El tío no quería hacer el ridículo y va y...

¡me endosa el marrón!

Menos mal que no hay un espejo.

Imagino lo ridículo que debo de estar con aquel fardahuevos femenino.

En plan Peter Pan pero peor.

¡¡¡SON TOTALMENTE TRANSPARENTES!!!

Me coloco la tripa encima de los ciruelos.

¡Menudas pintas llevo!

Pero me niego a exhibir mi merienda en público.

La única ventaja es que mi hermana no reconocerá sus mallas.

¡Solo el jersey!

Me la cargaré un poco menos...

Ni me acuerdo de lo que he dicho durante la función.

¡¡¡Menudo corte!!!

Ni de lo que ha pasado en el escenario.

Apenas he podido ver la coreografía de los caramelos, pero ha sido un exitazo.

Hemos tenido que saludar varias veces.

Y ahí he descubierto quién me había robado las mallas.

¡¡¡IZAN!!!

¡Se iba a enterar!

Mi hermana las ha fichado enseguida y se ha puesto...

—¿Cómo se te ocurre dejarle mis mallas a tu amigo? ¿Eres imbécil?

Sí, lo soy.

¡Menudo pardillo!

—Es que no se las dejé... Me dio el cambiazo

—¡Encima eres tonto de remate! Pero ¿no sabes que está terminantemente prohibido hurgar en mi armario?

—Es que mamá quería que fuera de Bob Esponja.

Al recordarle su episodio de princesa, se ha ablandado un poco.

—Bueno, pero otro día me lo pides.

Si lo hubiera hecho, me habría dicho que no.

SUPERRECETAS DE MARTY

PARA… CONTENTAR A HERMANAS MAYORES

Hazle la pelota descaradamente y todo tipo de favores antes de pedirle algo.

Infórmale puntualmente de lo que ocurre en los *realities* o la prensa del ♥.

Cúbrela cuando la pesquen en alguna mentira.

Hazle creer que todos los chicos del insti están por ella.

Elogia sus modelitos y **peinados nuevos** para hacerle creer que es una *it girl*.

LA GUERRA FRÍA

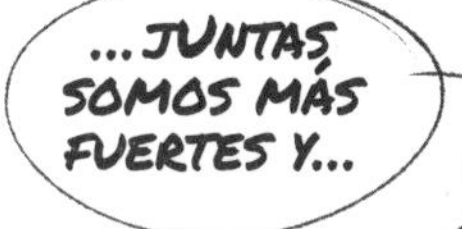

Las amigas son como el desodorante en el gimnasio.

A LA MÍNIMA TE ABANDONAN.

De nada ha servido el éxito de la córeo.
Ni todos los *rounds* con Carlota para que se mostrara firme.
En cuanto Helena la ha invitado a una de sus supermegafiestas...

¡¡¡ha ido tras ella como un perrito faldero!!!

¡Vaya panda!

Luego me he enterado de que ha hecho correr esta **MENTIRA**:

MARTY HA COMPRADO EL VOTO DEL JURADO.

Me pregunto de qué les han servido mis discursos sobre:

la importancia de sentirse libres

las ataduras

la dignidad

la verdadera amistad

la necesidad de tener una personalidad sólida

la libertad de pensamiento

la firmeza...

Hay un proverbio chino que dice:

«ES MÁS FÁCIL VARIAR EL CAUCE DE UN RÍO QUE EL CARÁCTER DE UNA PERSONA».

Y también está el refrán español:

«¡Genio y figura hasta la sepultura!»

Me estoy planteando...

¡¡¡abandonar la psicología!!!

¡ESTO ES LA JUNGLA!

Hoy, martes 13 de enero, declaro la guerra fría a Helena con hache. **¡OLÉ!**

Que conste en acta.
Y para inaugurarla…

¡¡¡LE HE PUESTO PEGAMENTO EN LA SILLA!!!

Esta es su cara cuando ha visto que no se podía levantar.

No entendía qué estaba ocurriendo.

Me he tenido que contener para no soltar una carcajada.
—¿QUÉ PASA AQUÍ?

Se ha levantado y la silla continuaba pegada a su culo.

Este es el trozo de pantalón que se ha quedado pegado en la silla después del tirón que ha dado.

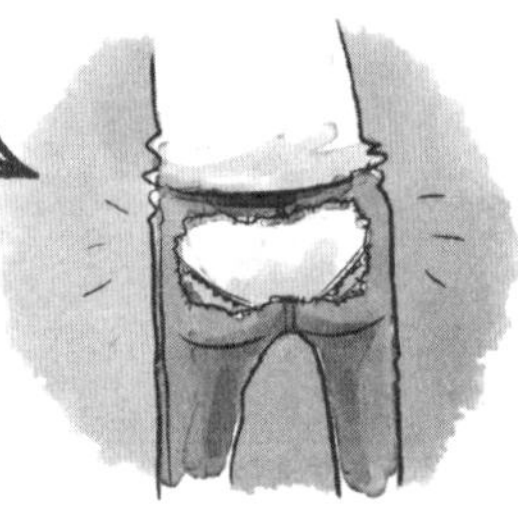

Y esta es Helena con hache viniendo hacia mí.

—¡Has sido tú!

—¿Yo?

—Sí, tú.

Por un instante he pensado que se me iba a notar, pero una brillante idea me ha venido a la mente. ¡Bip, bip!

—Espero que tengas pruebas de esa acusación tan grave o te pondré una demanda.

(Esto es lo que hacen todos los famosos)

¡¡¡He conseguido desconcertarla!!!

Yo parezco estar muy segura, pero por dentro...

¡¡¡ESPERO QUE NO ME HAGAN LA PRUEBA DEL POLÍGRAFO!!!

El único que sabe que he sido yo es Noé y no me va a delatar. Pongo la en el .

¡¡¡Espero no quemarme!!!

Segundo poema de amor a Hugo

(Que se chinche Helena con hache.)

El amor no siempre encaja,
es como la moda:
un cuerpo que no te entalla,
una cintura que se desacomoda.
Igual no es el traje que querías,
no es el que habías deseado.
Pero de pronto te lo pruebas
y es el que más te ha gustado.
Si eliges bien, me escogerás.
Soy tu media naranja,
ya lo verás.

RECETAS PARA...

¿SENTIRTE BIEN CONTIGO MISMA?

Cuando te siegan la hierba que pisas... sigue la senda de los **elefantes**.

Si los políticos mienten siempre en la elecciones, tú puedes hacerlo para **defender tu propio** sistema electoral.

Si te difaman, **defiéndete** con y y... **¡mentiras!**

La mentira está **justificada** en casos de supervivencia.

Convéncete de que tus acciones no son un acto de venganza, **sino de justicia.**

EL REGALO DE CUMPLEAÑOS

Cuento los días para que llegue mi cumple.

A ver si por fin me regalan el móvil.

Soy de los pocos de clase que no lo tiene.

¡Hasta Marty tiene uno!

Es un zapatófono. Ja, ja, ja.

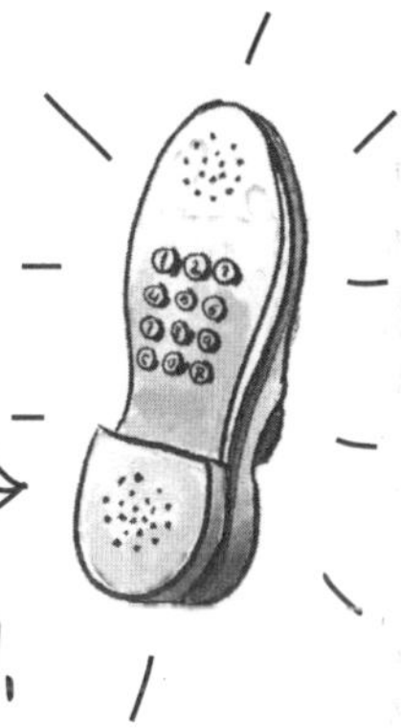

Se lo ha dado su abuela porque...

¡sus padres son como los míos!,

de los que piensan que los niños no necesitan un móvil.

¡¡¡ERROR!!!

DESVENTAJAS DE NO TENER MÓVIL

En esta, Izan es un hacha.

Te mueres de la risa cuando le pone voz a Dumbledore en los vídeos de Harry Potter.

¡La de burradas que se le ocurren!

¡Y el tío lo clava!

Pero a mi madre le da igual que sea un margi, así que...

¡¡¡TENGO LA COARTADA PERFECTA!!!

Todos los días le doy la plasta con los deberes.

Este soy yo.

—Pero ¿qué diablos aprendéis en el instituto?

—Si tuviera móvil, estaría en el grupo de *wasap* para hacer los deberes.

La última vez estaba tan harta de ellos que ni me replicó.

¡Yo creo que de esta cae!

Ya estoy mirando marcas.

He hecho un estudio comparativo para dárselo todo hecho y que no se vuelva loca como en el supermercado.

CHONI 57 es tan delgado que lo podrá sar como punto de libro e interrumpir su lectura siempre que quiera.

El WACHUWEI 6 lo tiene su prima, con eso está todo dicho.

El nuevo ATCHUNG Sa-LU dispara un suave ambientador, ideal para sus momentos de evasión en el váter.

PAE-YON nos sorprende de nuevo con el PLN-Xa, con el que podrá freír huevos. *También dispone de una versión en tamaño reducido pensado especialmente para huevos de codorniz.*

VENTAJAS DE TENER UN MÓVIL CHULO

Dejas de ser un **pringado** *ipso facto*.

Dejas de estar *out*.

Cuanto mejor es, más te **admiran** tus amigos.

Aumenta el número de **amigos**, incluso internacionales.

Duplicas tus posibilidades de **ligar**.

Nunca te **aburres**.

Te diviertes hasta en las reuniones familiares o en esas comidas **interminables** con amigos de tus padres.

Aumenta tu nivel de **creatividad**.

No necesito consultar a mis padres a la hora de hacer los **deberes**.

—Noé, ¿has pensado ya qué regalo quieres para tu cumpleaños?

—Ya te lo he dicho: **un móvil**.

—Y yo ya te he dicho que no tienes edad para un móvil.

—¿Y por qué todos mis compañeros sí tienen la edad?

—Ya sabes que a mí me da igual lo que hagan los demás.

—Vale, pues luego no te quejes de los deberes.

¡¡¡Qué hueso tan duro de roer!!!

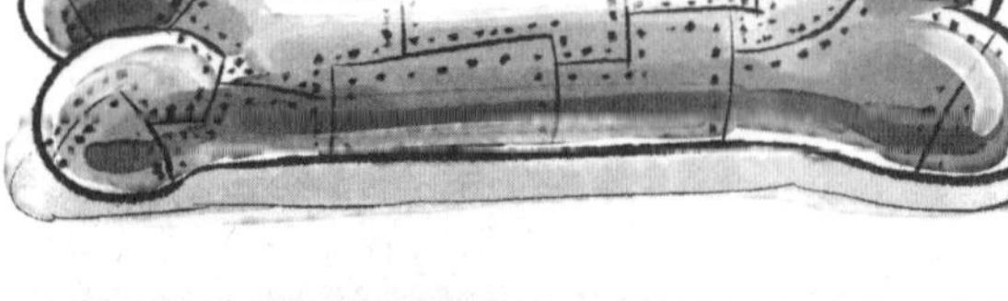

RECETAS DE MARTY
PARA MADRES OBTUSAS

(Aunque ha cerrado la consulta de psicóloga, a mí me sigue dando consejos.)

Golpear cualquier superficie compulsivamente.

Ir como un **zombi** por la casa (ni ves, ni oyes, ni hablas).

Rechazar la comida que te gusta.

Suspirar todo el rato.

Gritar cada vez que veas un marginado social:

Tu madre comprenderá que...

más vale móvil en mano que locuras volando.

LA LEY DE MURPHY

No sé por qué los políticos pierden tanto el tiempo en hacer leyes. La única que funciona siempre es la...

¡¡¡Ley de Murphy!!!

Si la hubiera registrado, en estos momentos el señor Murphy habría sobrepasado a Bill Gates en la lista de millonarios.

¡Y yo que creía que había alcanzado el nivel más bajo de popularidad!

¡¡¡ERROR!!!

Siempre hay un grado más abajo.

¡Mi caída ha sido sonada!

Mientras el de Mates llenaba la pizarra de fórmulas, yo me he balanceado en mi silla...

Un elefante se balanceaba sobre la tela de una araña...

Y al momento siguiente...

Me he visto en el suelo con todos mis libros por encima.

Estos son mis oídos saturados por el volumen de las carcajadas.

Estos son mis ojos.

Esta es mi cara al encontrarse con la de Hugo.

Este es mi pensamiento al ver la cara de Helena con hache.

¿Será un castigo divino por lo del pegamento?

¿¿¿O es la dichosa Ley de Murphy???

Noé me ha ayudado a levantarme y a recoger todos los libros desparramados.

¡Pena que no sea Hugo!

A la salida del insti noto que todo el mundo me mira y me señala riéndose.

¿¿¿TENGO MONOS EN LA CARA???

Noé se empeña en mostrarme por centésima vez su móvil nuevo.

Sé que no lo hace por restregarme mi zapatófono, sino porque necesita compartir su alegría a cada descubrimiento que hace.

Uf. Pobre, menudo trauma tenía, como yo.

Ahora tiene que pasar el mono de estrenar móvil.

—Sí, es fantástico —le digo con resignación.

—No es eso, mira este vídeo.

Aunque no estoy de humor, hago el esfuerzo de parecer amable.

Es lo menos que puedo hacer después de que me ayudara en mi momento **«Tierra, trágame»**.

—A ver...

¡¡¡SOCORROOO!!!

Me quedo de piedra.

Es un vídeo mío.

Yo soy la protagonista.

Es el vídeo de...

¡¡¡MI CAÍDA!!!

Ahí estoy yo, **¡¡¡despatarrada!!!**, tratando de incorporarme.

Y se me ven...

¡¡¡LAS BRAGAS!!!

No es difícil adivinar quién lo ha grabado.

¡Y se ha hecho viral en cuestión de minutos!

¡¡¡ODIO LOS MÓVILES!!!

RECETAS

PARA SOBREVIVIR A HECATOMBES

(¡Espero que alguna funcione!)

Haz como que **no eres tú** la que aparece en el vídeo.

Ve al insti con **gabardina** del inspector Gadget, gafas de sol y sombrero.

Pégate con todo el que se meta contigo.

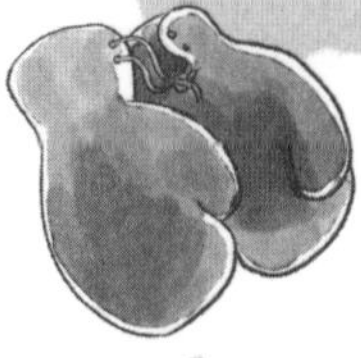

Devuélveselo a quien te lo hizo.

Tómatelo con humor.

LA FELICIDAD SE LLAMA MÓVIL

¿Sabéis cuál es el mejor invento de la humanidad?

¡¡¡Síííí!!! ¡ES LA BOMBA!

Y eso que todavía no he descubierto todas sus posibilidades.

Estoy en fase EXPERIMENTAL.

He empezado con la vecina. Je, je, je, je, je.

He grabado mensajes con voz de loro y pongo el móvil en la ventana cada vez que ella se asoma.

¡Menudo mosqueo tiene la tía!

¡Le he oído decir que va a reventar al loro ese!

Ja, ja, ja, ja, ja, ja.

¡Que lo intente!

Es una petarda.

Se pasa el día protestando por todo.

Y una cotilla.

Se sabe todos los chismes del vecindario.

La siguiente víctima ha sido mi hermana.

Está rayadísima.

Como se pasa el día diciéndole a mi madre que no tiene ropa, la he grabado, y cada vez que va a abrir el armario le doy al *play* y lo hago sonar como un rap:

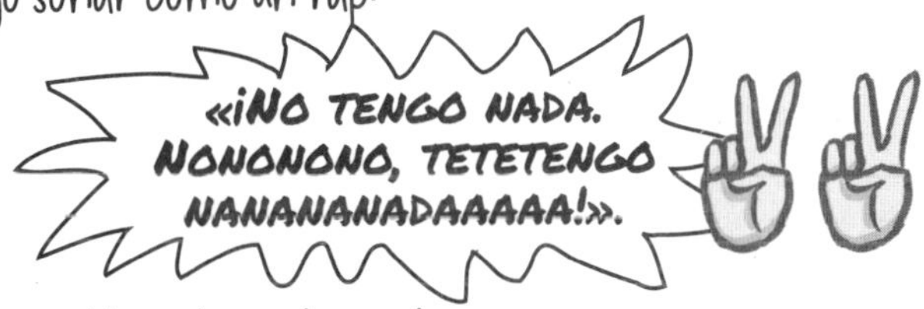

También utilizo el móvil para hacer memes.

Uno de los más graciosos ha sido ponerle las muletillas de mi madre al presidente del Gobierno.

Mis abuelos se parten la caja con ellos.

Pero los mejores son los del «Lamelibranquio».

Le he grabado sus muletillas favoritas en inglés con su voz grave y engolada, como salida de las cavernas.

Y se las he puesto a distintos animales que responden a preguntas en *off*.

Ahora, cada vez que «el Lamelibranquio» suelta alguna de sus muletillas, nos morimos de la risa.

¡Y tiene un mosqueo encima...! 

Pero si yo estoy feliz con el móvil, ni os cuento cómo están mis padres.

Mientras yo hago los deberes, mi madre...

Hasta he dejado de darle la lata con lo de tener un perro.

Y mi padre más contento todavía.

Lo tengo informado de todos los partidos que se juegan y compartimos vídeos divertidos.

¡Menudo pique tenemos por ver quién encuentra el más tronchante! 

 ¡Y fueron felices y comieron perdices!

¡¡¡ES la REbOMba!!!

No comprendo cómo he podido vivir sin móvil hasta ahora.

Tanto es así que le he propuesto a Marty hacer un manual para padres, y el primer capítulo estaría dedicado a los padres contrarios al móvil.

MANUAL PARA PADRES

Capítulo I

PADRES QUE NO CREEN EN LAS BONDADES DEL MÓVIL

DAME.
SUEEEELTA.
Te mantiene **conectado** con tu hijo/a veinticuatro horas.
¿DÓNDE ESTÁ NOÉ?
EN LA COCINA. ¡NO! ... ESPERA... VIENE HACIA AQUÍ...
Te permite **geolocalizar** a tu hijo o hija.
Registra **instantáneas** únicas de la familia.

¡ES LA GUERRA!

Mientras «el Lamelibranquio» dibuja en la pizarra un organigrama del tema de la salud, Helena con hache aprovecha para darme un tirón de pelo.

—¡Ay!

«El Lamelibranquio» se vuelve y me pregunta:

—*Any problem with your health, Puri?*

—*No, no problem.*

Mis compañeros se ríen y yo me muerdo la lengua para no acusarla.

Ser chivato es el peor pecado en el instituto.

Incluso aunque se trate de tu peor enemiga.

¡¡¡SE VA A ENTERAR!!!

Dibujo un *chibi* con cuernos y, en el mogollón de la salida, se lo pincho en la espalda.

¡¡¡Toma!!!

Escucho, satisfecha, las risitas de mis compañeros.

Y la tía sin coscarse de que es por ella.

Me apunto un nuevo triunfo en esta guerra sin cuartel que nos traemos.

Pero, cuando voy a recogerme el pelo para la clase de ballet, me doy cuenta de que tengo...

¡¡¡UN TRASQUILÓN ESPANTOSO!!!

¡¡¡No se reían de ella, sino de mí!!!
¡Esta me la paga pero bien!

Empiezo a pensar qué le voy a contar a mi madre que suene medianamente creíble.

No quiero que se entrometa en nuestra guerra.

Quiero resolver esta situación yo solita.

He perdido una batalla pero la guerra aún no está perdida.

Mi madre me lleva a la peluquería para que me arreglen el trasquilón.

Este es el suelo con mis mechones

Esta es mi madre despotricando contra la falta de control de los institutos.

En casa recojo los calcetines más putrefactos de mi hermano del cesto de la ropa.

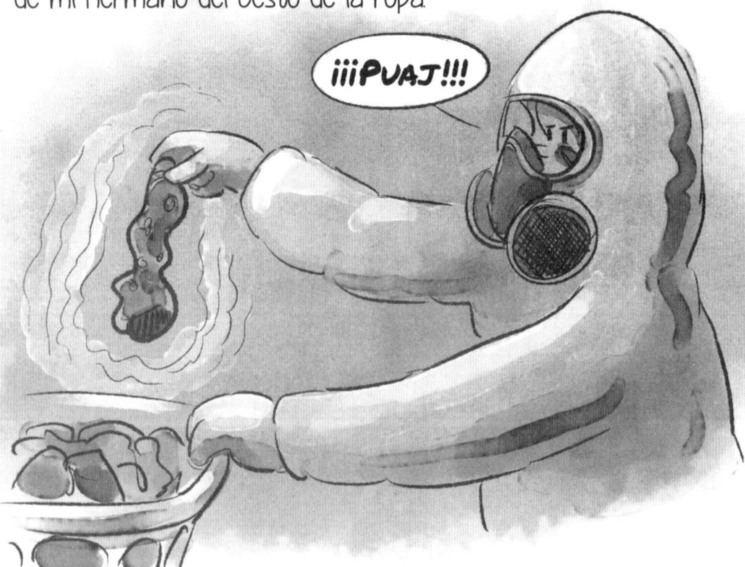

Ni el más oloroso puede competir con ellos.

Y los meto en una bolsa de plástico con cierre hermético.

Al día siguiente, antes de que llegue Helena con hache...

¡LE METO UN PAR DE CALCETINES EN SU CAJONERA!

—¡Puaj, tía, cómo hueles! —se queja Andrea, su compañera.

Yo me sonrío.

—Pero ¿quién huele a camembert? —chilla Izan.

Todos lanzan miradas acusadoras a Helena con hache.

Yo me aplaudo a mí misma.

La tía está como un .

Pero mi triunfo máximo es cuando Noé (confabulado conmigo) me dice:

—Marty, te queda genial ese corte de pelo.

Esta es mi sonrisa. 

Y esta es la cara de Helena con hache. 

Pero aún falta gimnasia.

Donde le esperan otro par de calcetines en...

¡¡¡SU MOCHILA!!!

Nada más abrirla, surgen las protestas.

—¡Qué peste!

—¿Quién se ha traído queso de Cabrales?

—Tía, Helena, estás podrida. **¡PUAJ!**

—¡Vaya quesos tienes!

—¿Cuánto hace que no te cambias los calcetines?

Se ha extendido por toda la clase el olor a queso de Helena y a los chicos les ha faltado tiempo para ponerle de mote...

¡¡¡La Camembert!!!

Creo que es la primera vez que se siente humillada. No le viene mal un **baño de humildad**.

Igual así desarrolla cierta empatía por los demás.

REFLEXIONES DE MARTY
PARA GENTE CON POCA EMPATÍA

MONO DE MÓVIL

¡Me han confiscado el !

Ha sido «el Lamelibranquio».

Como dice mi abuela: «Tanto va el cántaro a la fuente…».

Encima, al enterarse, mi madre me lo ha confiscado por…

¡¡¡partida doble!!!

Y con recochineo:

—Pues mira, me alegro. Ya te dije que te estabas viciando, que te lo iba a quitar yo. Me tienes hasta el moño con el dichoso móvil…

»… Tú no te das cuenta pero estás enganchado, últimamente no levantas la cabeza de ahí…

»… Ni hablas, ni escuchas, ni miras… ¡Te ha vuelto tonto perdido!…

»… ¡Ni al fútbol quieres jugar! Si es que eso no es sano. Todo el santo día ahí sentado, dale que te pego a las teclas…

—¿Y cuándo me lo vas a devolver?

—Pero ¿tú me estás escuchando? ¿Ves cómo te has vuelto lelo con tanto móvil? Ya veremos si te lo devuelvo.

A punto estoy de gritar:

**¡Santa Rita, Rita,
Lo que se da no se quita!**

—De momento necesitas desengancharte.

—¡Ni que fuera un drogata!

—Es que lo eres. Y lo peor es que no te das cuenta. ¡Mira, si hasta estás moviendo los dedos como si tuvieras el teclado delante!

—¿Y por qué a mi hermana no se lo quitas?

—Porque hace un uso de él más racional que tú.

Eso es lo que le hace creer.

Mi hermana es muy lista;

sabe guardar las apariencias, pero cuando está en su cuarto...

**¡no para de chatear y meterse
en las redes sociales!**

Me cuesta admitirlo, pero igual sí estoy enganchado.

Solo puedo pensar en el móvil.

¡¡¡NO PUEDO VIVIR SIN ÉL!!!

No sé cómo hacía antes de tenerlo.

Mi vida ya no tiene sentido.

Estoy desconectado del mundo.

De mis amigos...

¡¡¡Soy un *outsider*!!!

Trato de agarrarme a un clavo ardiendo...

—Mamá, ¿y qué voy a hacer ahora con los deberes?

Mejor desaparezco del mapa.

Y rezo para que me lo devuelva pronto.

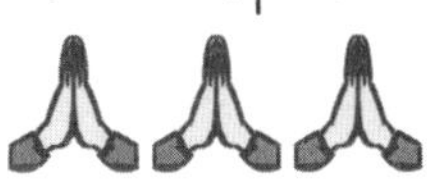

Me siento con fiebre.

Estoy aburridísimo.

Se me cae
la casa
encima.

Vuelvo a la carga con el perro y preparo un fichero para mi madre.

¡¡¡NECESITO URGENTEMENTE LAS RECETAS DE MARTY!!!

RECETAS DE MARTY

PARA PASAR EL MONO DEL MÓVIL

(Funcionan, las he probado en carne propia.)

Vuelve a hacer aquello que te gustaba antes de tener el móvil.

Haz una especie de diario escribiendo cómo te sientes.

Húrgate la nariz o ráscate los pies (cualquier cosa que te relaje).

Haz un listado por orden de preferencia de lo que hacías con el móvil y busca sustitutos.

Ejemplos:

En vez de memes, haz **CÓMICS.**

En vez de *Clash Royale*, inventa un **JUEGO DE ROL** con los personajes del juego.

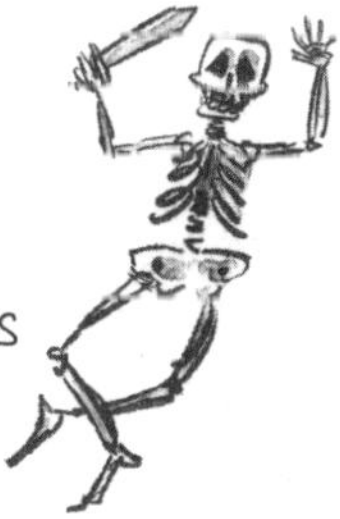

En vez de usar LiPP, invita a tu familia a jugar a los **JUEGOS DE MESA** tradicionales.

Engánchate a la **LECTURA** (te mando un listado de libros que molan mazo).

Si necesitas hablar, LLÁMAME (SESIONES GRATUITAS).

Según mi madre, desde que estoy sin el móvil parezco otro.

Para ella, «otro» significa un Noé mejorado.

Hay que saber interpretarla.

Pero como me gusta que me regale los 👂👂...

le pido que concrete un poco más.

—Estás más amable...

😊

... más simpático...

👏👏👏

... más risueño...

😄

... más responsable...

👏👏👏

... ¡Hasta más guapo!.. 😳

... Te sienta bien hacer deporte. 💪💪

Me da rabia admitirlo, pero...

¡tengo que reconocer que estaba ENGANCHADO!

Y los consejos de Marty me han servido.

Debería volver a poner consulta.

Marty es genial.

No sé... Creo que me gusta.

Noto algo extraño cuando la veo.

Antes no me ocurría.

—Noé. Noé... ¡NOÉ!

—¿Quééé?

«El Lamelibranquio» me está mirando con cara de «¡Qué paciencia tengo que tener; llevo una hora llamándote!».

—¡Aterriza, anda! Coge tus notas...

¡UPS! Por si fuera poco evidente el efecto devastador del móvil...

¡¡¡He tenido dos cates!!!

Ya no me sirve el argumento de los deberes para recuperarlo.

Aunque ya casi no lo echo de menos.

He quedado con mi madre en que, cuando recupere los cates (¡mínimo con notable!), me lo dará, pero...

¡¡¡CON LÍMITE DE TIEMPO!!!

Dice que tengo que aprender a hacer un USO RESPONSABLE.

¡Estoy de la palabrita...!

Los adultos abusan de ella.

Marty tiene razón.

La tenemos hasta en la **SOPA**.

¡CÓMO RAYAN!

Se repiten más que el .

No se dan cuenta de que el exceso hace que pierda efectividad.

¡El oído se niega a oírla!

¡COMPAÑERA DE HELENA CON HACHE!

Estas somos Helena con hache y yo en una vorágine de faenas mutuas.

Nuestra tirria ha ido creciendo hasta que...

¡¡¡hemos llegado a las !!!

Y nos ha pillado «el Lamelibranquio».

¡La bronca que nos caído!

¡Menuda retahila!

Que si parecíamos salvajes...

Que si teníamos falta de valores...

Que si estábamos más cerca de los animales irracionales...

Que si el instituto no era un...

Claro que no. Al menos ahí hay ciertas reglas.

Esto es la...

Y los problemas no se arreglan hablando, como dice él...

¡¡¡MENTIRA!!!

Si los políticos, que no hacen otra cosa que hablar, no arreglan nada...

¿Cómo pretenden que los arreglemos nosotras?

La dire también nos ha dado la charla. Uf.

Pero lo peor es que...

¡¡¡NOS HAN SENTADO JUNTAS!!!

En clase y en el comedor.

Las dos solas.

COMO UNAS APESTADAS.

Y en el recreo, lo mismo.

¡¡¡AAAAAAGGGH!!!

Hasta habría preferido que me hubieran puesto con Saúl, que te pega los mocos en la mesa. **¡PUaaaj!**

Cualquier cosa menos tener que aguantarla todo el santo día.

¡No la soporto!

Me repatea su careto con aires de reina.

¡UF!

Voy a acabar con **tortícolis**.

Y encima hoy toca... **¡COLIFLOR!**

¡¡¡SOCORRO!!!

¡¡¡El día más desafortunado de la historia!!!

¡No tengo a Ballenato cerca para que se la coma!

¿Y si se la lanzo en plan catapulta?

Con «el Camaleón» no resulta fácil. No nos quita ojo.

—Si te comes mi pescado, me tomo tu coliflor.

¿¿¿Era esa la voz de Helena con hache???

¿O el silencio me ha afectado al cerebro?

Descanso de la tortícolis y vuelvo la cabeza hacia ella.

Estoy anonadada.

—¿Te hace el trato o no? —me pregunta impaciente.

—¿Te gusta la coliflor? —le pregunto yo.

No puedo creer mi suerte.

—Sí, me encanta, pero odio el pescado.

—¡Trato hecho!

El agradecimiento que siento al verla comerse la coliflor es tan grande que...

¡hasta he empezado a verla con otros ojos!

Casi casi como una... ¡heroína!

¡Aaaagggh!

He caído en algún tipo de hechizo.

¡Tengo el síndrome de Estocolmo!

De pronto nos hemos puesto a hablar y...
¡coincidimos en todo!, excepto en la coliflor.
A ella también le gusta **Abraham Mateo**.

Y su serie favorita de dibujos animados es *Phineas y Ferb*.
Y su serie de ficción es *Cuando toca la campana*.
Y su grupo favorito es Auryn.
Y también tiene un hermano plasta.
Y una madre que siempre la culpa de todo a ella...

¡¡¡Aaaaagggh!!!

¡¡¡SOMOS ALMAS GEMELAS!!!

SUPERRECETAS

CUANDO ALGUIEN TE CAE GORDO

Intenta conocerlo a fondo.

Las apariencias engañan.

Tu enemigo puede ser tu propio yo disfrazado.

Despoja a tu enemigo de su máscara.

La enemistad proviene a menudo de la desconfianza o de la competencia.

Los enemigos se alían en la desgracia.

ENAMORADO

Definitivamente...

¡¡¡me gusta Marty!!!

Me gusta más que Lucía.

Ups. Creo que me he enamorado hasta las trancas.

Sé que suena raro, pero...

¡me he dado cuenta en el baño del insti!

Es el único lugar donde hay cierta intimidad.

Y de pronto me han entrado unas ganas irreprimibles de...

¡escribir nuestras iniciales en la puerta!

En plan cursi.

Con corazón incluido.

Aunque no lo he hecho, porque soy el único niño cuya inicial es la N.

Y cantaría mucho.

No quiero que se entere nadie.

Es **TOP SECRET**.

Mis compañeros no saben guardar un secreto.

¡Se enteraría hasta la propia interesada!

Y me pondrían las orejas...

¡¡¡calentitas!!!

Sería el hazmerreír en la granja escuela.

¡Nos vamos pasado mañana! Durante tres días.

Ojalá Marty quiera sentarse conmigo en el autobús.

Con ella me río mogollón.

Pero ahora se ha hecho íntima de Helena...

¡Con lo mucho que se odiaban!

Nuestro instituto es el sitio ideal para hacer estudios científicos.

Ocurren cosas sorprendentes en nuestros cerebros.

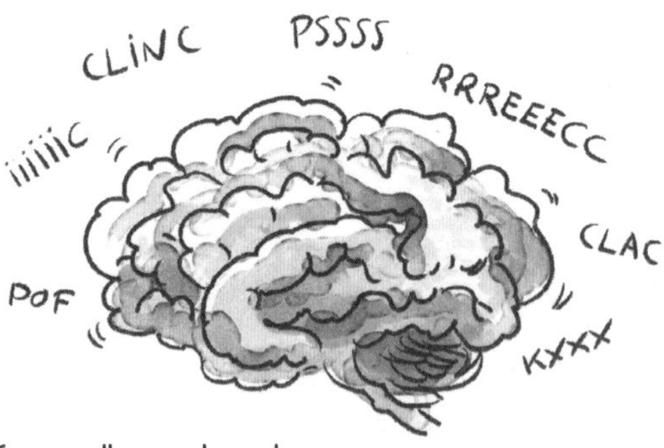

¡Y ni te digo en el de mis padres!

Esos se llevan la palma.

No son conscientes de los traumas que causan a su hijo.

O sea, a mí.

Necesito un pijama nuevo. Urgente.

¡¡¡QUE NO SEA DE OSITOS!!!

Compran todo con tantas crecederas...

Me compraron dos cuando tenía siete años y...

¡¡¡todavía me sirven!!!

Encima, en tres años ¡no se han desteñido en la lavadora!

Mi padre solo destiñe los polos nuevos chulos.

Los que me compra mi abuela.

Y no los que compra él en el mercadillo.

Creo que voy a tener que poner una lavadora con...

¡EL VAQUERO ROJO DE MI HERMANA!

Destiñe mogollón.

Aunque mi madre es capaz de enviarme a la granja escuela con los pijamas desteñidos.

O con uno de mi hermana.

¡Con tal de no molestarse en ir a comprarme otro!

¡¡¡AAAAGGGGH!!!

Ya estoy viendo el ridículo que voy a hacer.

Uf. Tengo que volver a la carga.

—Mamá, ¿me has comprado el pijama?

—Pero ¡si los que tienes están estupendos!

—¿No te parece que ya soy mayor para llevar **ositos**?

—¿Acaso no tiene tu padre una corbata con gansos y otra con caballos?

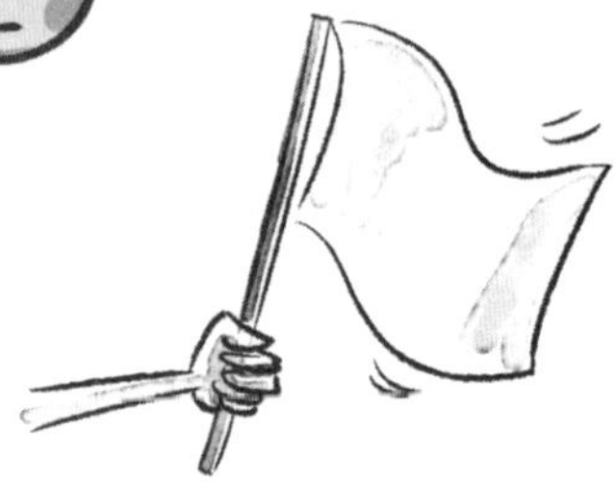

—Pero no es lo mismo.

—¿Cuál es la diferencia?

Paso de convencerla.

Es como hablar con un frontón:

¡¡¡te rebota todas las pelotas!!!

Antes entraba en discusiones larguísimas tratando de convencerla de que fuera más normal.

Pero...

¿cómo explicarle a alguien que NO es normal lo que es la NORMALIDAD?

MEJOR LLAMO A MI ABUELA.

Ella no quiere que su nieto haga el ridículo.

Ni que se convierta en el típico caso de *bullying*.

Le gusta que sea un **dandi**.

Por si no sabéis lo que es
(yo tampoco lo sabía),
es un tío elegante.

Las abuelas utilizan un vocabulario en desuso.

Y tratan de convencerte de que debes ampliar el tuyo. Pero si yo utilizo esas palabras en el insti, se ríen en mi cara.

AUTOCONSEJOS

(No puedo pedirle a Marty que me dé consejos para que caiga rendida a mis pies. ¡Aaaaaggggh!)

Imita a Indiana Jones: Mata delante de ella **arañas** de las gordas.

Sálvala de los **picotazos** de los patos.

Recoge los **huevos** de las gallinas sin pestañear.

Acaricia los cuernos de la vaca antes de ordeñarla para demostrar que no te asustas fácilmente.

Demuestra tus agallas en la **oscuridad** de la noche.

¡La granja es el sitio ideal para demostrar lo valiente que eres!

Y se supone que eso es lo que les gusta a las chicas... ¿no?

¡VAYA TELA!

¡Cómo me alegro de no ser una vaca!

Y no lo digo en sentido figurado (no estoy tan gorda).

¡Tener a alguien hurgándote todos los días las ubres!

¡Y luego está lo de parir!

Que te salga por ahí un pedazo de ternera patilarga.

¡Encima con cuatro patas!

¡Vaya Tela!

¡Menudos mugidos daba la pobre!

Espero que el parto de las mujeres sea menos complicado y doloroso. Si no...

¡¡¡va a parir su abuela!!!

La de mi futuro marido.

Uf. Yo me compro un muñeco.

Aquí están surgiendo muchos flechazos.
Así que he ideado un test para saber si a Carlota le gusta Izan.

TEST
PARA SABER SI ESTÁS ENAMORADA

SÍ/NO

1. Te descubres espiándolo cada poco. ☐ ☐
2. Cada vez que lo ves te da saltos el corazón. ☐ ☐
3. Te parece que es el chico más guapo de la Tierra. ☐ ☐
4. No le ves ningún defecto. ☐ ☐
5. Te imaginas yendo al altar con él. ☐ ☐
6. Le perdonas que se meta contigo. ☐ ☐
7. Haces cualquier cosa para llamar su atención. ☐ ☐
8. Te pones roja cada vez que te encuentras con él. ☐ ☐
9. Te pones nerviosa al pasar junto a él. ☐ ☐
10. Deseas con toda tu alma que te pida ser su novia. ☐ ☐

De 1 a 3: te gusta ligeramente.

De 4 a 7: te gusta bastante. 

De 8 a 10: estás colada hasta las trancas.

Me lo he aplicado a mí misma y me he dado cuenta de que ya no me gusta Hugo.
De momento estoy en un tres. 

¡COMO UN PAVO!

¡He ayudado al parto de una vaca! Y...

¡¡¡ME HE CONVERTIDO EN EL HÉROE DEL DÍA!!!

Ha sido más efectivo que acariciarle los cuernos antes de ordeñarla.

Creo que he impresionado a Marty.

Sigo haciendo méritos para gustarle.

De esta desbanco a Hugo.

El veterinario me ha felicitado.

—Puedes estar tan orgulloso como un **pavo real**.

¡¡¡Lagarto, lagarto!!!

No quiero ni que me lo nombren.

Bastante tengo con un pavo de la granja que me persigue cada vez que me ve.

Debe de ser el dichoso karma.

¡A ver si va a ser hermano del que yo tuve!

😂😂😂

LABERINTO DEL AMOR

¡QUÉ MIEDO!

Noé nos ha contado historias de muchísimo miedo durante la acampada nocturna...

¡¡¡SE NOS HAN PUESTO LOS PELOS DE PUNTA!!!

Al regresar a los barracones...

¡más de uno se ha hecho caquita!

Yo, porque iba agarrada a él, que si no...

El tío no tiene miedo de nada.
Hasta se ha montado en un burro que daba unas coces...
Me lo paso genial con él.
No es tan guapo como Hugo, pero...
creo que me está empezando a gustar.
Hugo ya no me parece tan guapo.
Y después de verlo ordeñando la vaca...
No se atrevía a agarrarle la ubre.
Y va la vaca y le da

¡con toda la cola en la jeta!

Del susto se ha caído dentro de un cubo lleno de leche.

¡ADIÓS ESTRATEGIA!

Mis amigos se han cargado mi plan de un plumazo.

¡TEN AMIGOS PARA ESTO!

De pronto se han puesto a chillar para que se enteraran hasta las gallinas:

¡¡¡Noé y Marty están enamorados!!!

Me he puesto como un .

¿Qué pasa? ¿Me ha aparecido un letrero en la frente que todos pueden ver?

Marty me ha mirado raro.

No sé interpretar su cara.

¿Qué habrá pensado?

Y de pronto ha venido hacia mí.

¡SOCORRO!

Mi mente ha empezado a aturullarse con excusas.

—Vamos a seguirles el juego —me ha susurrado al oído.

¿¿¿Seguirles el juego???

—Tenéis razón. Somos novios —les ha dicho a continuación con chulería.

METIDA DE PATA

Creo que he metido la pata hasta el fondo.

Noé me rehúye.
Mis amigas dicen que es porque le gusto.
Que le ha sentado mal que yo me lo tomara a broma.
No es verdad, pero no sé cómo arreglarlo.

¿¿¿Dónde está la psicóloga que había en mí???

¡¡¡Consejos vendo y para mí no tengo!!!

Estoy hecha un lío.
Desde que me he enterado de que le gusto...

¡¡¡ha empezado a gustarme!!!

¿Existe algo más raro y complicado que el AMOR?

Seguro que estáis pensando en las Mates

Pues no: dos más dos siempre son cuatro. Bueno... ¡eso creo!

También pensábamos que solo se analizaba con el sistema de cajas y...

¡NOS HAN PLANTADO EL DICHOSO ÁRBOL!

TRUCOS PARA CONQUISTAR A NOÉ

1. Decirle que hay una niña de la clase que está por él... cuyo nombre empieza por M... (están Marta y Marina). Que era muy amiga suya... Que tiene dotes psicológicas...
2. Regalarle mi queso (no penséis en mi pie; a mí no me huelen como a mi hermano). Es el que hemos hecho en el taller de quesos, con un corazón rojo en medio, para que no haya duda.
3. Lanzarme a la piscina y tirarle el tejado entero.
4. Dejarle un poema de amor debajo de su almohada.

Creo que en esta ocasión voy a necesitar vuestro consejo.

¿Qué haríais vosotros?

¡Ayudadme!
¡Porfa! ¡Porfa! ¡Porfa!

Y os contaré si ha dado resultado.